JN417688

영남지역생활사자료집성 5

죽오일기 竹塢日記

영남지역생활사자료집성 5

죽오일기 竹塢日記

경 북 대 학 교
영남문화연구원 편

경북대학교출판부

연구책임자 황위주
일반연구원 김현영, 김형수, 김희호, 남권희, 백두현, 이남희,
이수환, 이훈상, 정병호, 정순우, 정우락, 주보돈
HK교수 김성윤, 김혁, 손계영, 오용원, 이장희, 최은주
HK연구교수 김명자, 원보영, 채휘균
책임간사 박경수, 송석현, 이미선, 이미진
연구보조원 손유진, 안주현, 양승호, 우진웅, 이지은, 장원연,
전영곤, 정지아, 최은주

기획・편집 김혁
해제 김혁
탈초입력 박경수, 손유진, 우진웅, 최연숙
구두점 박경수
책임교열 이갑규 (가나다 순)

영남지역생활사자료집성 5
죽오일기 竹塢日記

발행일 2010년 10월 18일
편자 경북대학교 영남문화연구원
전화 053-950-6312 | **팩스** 053-950-6311 | **E-mail** youngnam@knu.ac.kr
펴낸이 함인석 | **펴낸곳** 경북대학교출판부
출판등록 1973년 10월 10일 ⓐ97호 | **주소** 대구광역시 북구 산격동 1370번지
전화 053-950-6741~3 | **팩스** 053-953-4692 | **E-mail** press@knu.ac.kr
Homepage http://knupress.com

ISBN 978-89-7180-301-1 93910

값은 표지 뒷면에 있습니다.
잘못 만들어진 책은 바꾸어 드립니다.

이 책은 2007년 정부(교육과학기술부)의 재원으로 한국학술진흥재단의 지원을 받아
수행된 연구임(KRF-2007-361-AM0002)

출판에 부쳐

『죽오일기(竹塢日記)』는 인문한국사업(HK) 1단계 3년차 과제인 영남지역 선비생활사 연구의 일환으로 기획된 책이다. 우리 연구팀은 작년에 2년차 관료생활사에서 영남지역의 『중기(重記)』와 『사례(事例)』를 간행한 바 있다. 3년차인 올해에는 3책의 영인 정서본을 간행하게 되어 있었으나, 그중에서 『벽송정유계안(碧松亭儒契案)』과 더불어 이 책을 우선 간행하고자 한다.

근래 조선시대사 연구에서 생활일기가 갖는 위상은 이전과 비교가 안 될 정도로 매우 높아졌다. 이를 통해 조선시대를 바라보는 연구자들의 시점은 더욱 세밀하고, 역사적 진실을 구명하는 연구의 밀도 또한 높아졌다. 연구자들은 되도록 외부에서 막연한 시대상에 입각하여 머릿속의 선입감을 바벨탑처럼 쌓아 올리는 대신 그 사회 안으로 파고들어가 더 굳건한 실상과 마주하고자 애쓰고 있다. 우리 팀의 생활사도 이러한 연구 조류 속에 있다. 이러한 연구의 이상은 되도록 가까운 거리에서 그들의 구체적인 행위를 포착하고 그들 행위의 동기를 유추해 보며, 궁극적으로 이를 통해 역사의 의미에 접근해 보자는 데 있다.

이러한 연구 경향은 역사 속의 생활, 혹은 생활의 미시적 자취를 통한 역사 공간의 재구성에는 어느 정도 성과가 있었다고 볼 수 있다. 그렇지만 이것이 과연 생활의 동태적 움직임을 역사적으로 조망하는 데 얼마나 유익하였는지에 대해서는 단언하기 어렵다. 이 일은 그 성과를 평가하기에는 아직 시기상조이다. 이 일은 여전히 진행 중이기 때문이다.

그런데 이런 연구의 관건은 자료의 발굴에 있다. 미시적 검토를 토대로 한 역사연구는 어떤 자료를 만나느냐에 따라 연구의 성과가 달라진다. 이번에 발간하는 『죽오일기』는 아직까지 학계에 소개된 바 없는 새로운 자료이다. 여기서 독자들이 어떤 의미를 발견할 수 있을지 우리는 알 수 없다. 18세기 후반에서 19세기 초반을 살았던 울산의 사족(士族) 이근오(李覲吾)가 지나왔던 그 흔적들을 통해 우리가 어떤 의미를 찾을 수 있을까? 그가 경험한 생활의 길들이 우리의 생활과 어떻게 만날 수 있을까?

이 책의 간행을 위해 많은 분들이 애써 주었다. 특히 박경수 연구간사, 우진웅 연구보조원, 손유진 연구보조원, 최연숙 선생님이 탈초와 정서를 맡아 주었고, 이갑규 선생님이 교열을, 김혁 교수가 기획과 편집을 담당하였다. 그리고 이 일기를 소개하고 간행하는 데 조력을 아끼지 않은 손계영 교수의 수고에도 감사드린다. 끝으로 이번 기회를 빌려, 경북대학교출판부의 아낌없는 수고에 감사하다는 뜻을 전한다.

특히 우리 팀은 이 책이 조선후기 사족의 일반적 특성뿐 아니라, 비교적 자료가 적은 울산 지역의 특수한 생활사를 이해하는 데 일조하였으면 하는 바람이 크다. 혹 잘못이 있다면 강호의 제현들이 가차 없이 지적하여 바른 길로 나아가는 뜻을 함께했으면 한다.

2010. 10.

연구진 일동

목차

출판에 부쳐
일러두기
해제 | 『죽오일기』 속 한 선비의 일상 i

1804 _ 순조4, 甲子 1
1805 _ 순조5, 乙丑 13
1808 _ 순조8, 戊辰 43
1809 _ 순조9, 己巳 72
1810 _ 순조10, 庚午 97
1811 _ 순조11, 辛未 124
1812 _ 순조12, 壬申 153
1831 _ 순조31, 辛卯 179
1832 _ 순조32, 壬辰 196

부록 죽오일기 치부기(置簿記) 204
찾아보기 217

일러두기

· 이 책은 『영남지역생활사자료집성』의 다섯 번째 책으로서 책력(冊曆)에다 기록한 죽오(竹塢) 이근오(李覲吾 : 1760~1834)의 일기(日記)를 탈초(脫草)하여 정서(正書)한 것이다.
· 서명(書名)은 저자의 아호(雅號)에 따라 『죽오일기(竹塢日記)』로 정하였다.
· 『죽오일기』 원본의 크기는 31.7×17cm이다.
· 이 책의 구성은 해제(解題), 정서(正書), 부록(附錄), 색인(索引)으로 하였다.
· 이 책에서 각 년의 일기는 연도별로 나누어 구별하였고, 월(月)은 일 년 단위로 붙여서 구성하되 월자를 표시해 두었다.
· 원책의 중간마다 있는 치부기(置簿記)는 모두 모아 마지막에 부록으로 처리하였다. 그리고 원책의 페이지는 표지 다음을 p. 1로 정하여 계산하였다.
· 독자의 편의를 위해 구두점(句讀點)을 표시하였다.
· 원본의 사정을 전하기 위해 다음의 부호를 사용하였다.
  ( ) : 글자의 지운 것을 표시한 것으로 판독 가능한 글자는 안에 기입해 줌 (예: 竹塢)
  ■ : 지운 글자 중에 판독 불가능한 것을 글자 수대로 표시
  [ ] : 주석으로 기재한 부분을 표시한 것으로 글자를 안에 기입해 줌 예) [竹塢]
  공란 : 원본에서 이름 등을 미기재하여 띄워 둔 부분은 글자 수만큼 빈칸으로 띄워 둠 예) 訪朴　, 宿竹塢.

『죽오일기』 속 한 선비의 일상

김혁_영남문화연구원 HK교수

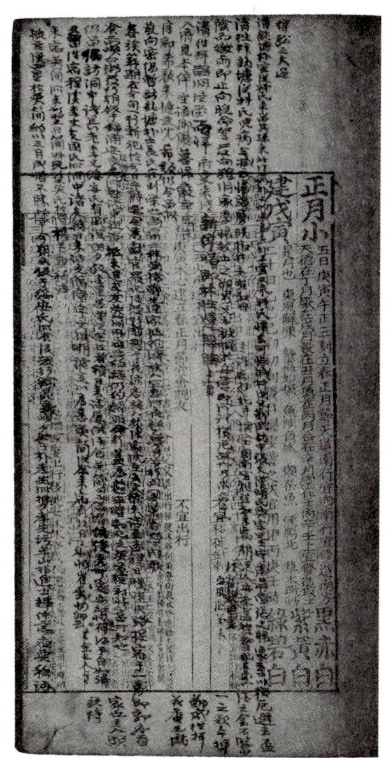

『죽오일기』 1805년 정월 부분

『죽오일기』는 죽오(竹塢) 이근오(李覲吾)[1760년(영조 36)~1834년(순조 34)]가 자신의 일상을 기록한 총 9년치의 일기이다. 해당 연도는 1804년, 1805년, 1808년, 1809년, 1810년, 1811년, 1812년, 1831년, 1832년이고, 이것에 대응하는 그의 나이는 45~46세, 49~53세, 72~73세이다. 대체로 기록들이 그의 중년부터 말년에 걸쳐 있음을 알 수 있다.

이 일기는 현재 부산 술고당(述古堂)에서 소장하고 있다. 이것을 간행할 수 있게 된 것은 우리 연구원 손계영 교수님 덕택이다. 그런데 손 교수님의 전언에 따르면 현재 간행하는 이 일기는 죽오가 남긴 전부가 아니라고 한다. 술고당의 현 소장자가 일전에 그 밖의 죽오일기들을 친견한 적이 있었는데, 여러 가지 사정상 미처 구해 두지는 못하였다고 한다. 이러한 점으로 볼 때 이것 이외에도 나머지 일부 일기들이 어딘가에 남아 있음이 분명한 듯하다. 함께 출간하지 못한 것이 매우 큰 아쉬움으로 남는다.

이 일기는 책력 위에 쓰여 있는데, 부분 부분 식별이 어려울 정도로 매우 난삽한 초서로 어지럽게 쓰여 있는 곳이 많다. 이 일기의 기사들은 하루하루 기록된 것이 아니라, 여러 날의 기록을 모았다가 한꺼번에 정리한 것도 있고, 훨씬 뒤에 기억에 의지해 메어 놓은 것도 있다. 어떤 의무감이 그로 하여금 이 같은 일을 지속하게 하였을까? 그가 73세에 마지막으로 쓴 내용에서, 할아버지가 쓴 일기를 우연히 발견하고는 자신의 일기를 왕고(王考)가 돌아가신 그날에 맞추어 절필한다고 한 것을 보면, 일기는 사족 집안에서 강고하게 전해 내려오는 오랜 습관의 결과임을 헤아려 알 수 있다.

일기의 작성자인 죽오와 그의 집안을 이해할 수 있는 자료는 흔치 않다. 죽오에 대해서는 그의 문집인 『죽오유집(竹塢遺集)』이 남아 있어 참고가 되며, 그의 후손에 대해서는 동국대학교 경주캠퍼스 중앙도서관에 이 집안의 고문서가 다수 소장되어 있어 참고할 수 있다.

이근오는 조선 후기의 문신으로 본관은 학성(鶴城)이고 초명은 중오(中吾), 자는 성응(聖應)이며 죽오는 그의 호이다. 아버지는 의창(宜昌)이고 어머니는 고성이씨(固城李氏)로 기(頎)의 딸이다. 이의창은 문아하고 국량이 있는 성품으로 고을에서 칭송되었다고 한다.

문집의 「유사(遺事)」와 「행장(行狀)」에 의하면 죽오는 영조 경진년(1760) 7월 12일에 현재 지명으로는 울산시 울주군 웅촌면 석천리(石川里)에서 태어났다. 그는 타고난 재주가 있어서 어려서부터 일과(日課)가 주어지면 한두 번 읽고 외지 못하는 것이 없었다고 한다. 10세 때에는 글을 지을 줄 알아서 때때로 사람들에게 내어 보여 그들을 놀라게 하였다. 그 후 육경과 백서에 통달하였고 15~16세 때에 남용만(南龍萬)의 문하에서 수학하기 시작하였는데, 수년이 지나지 않아 큰 학문적인 진보를 이루었다고 한다.

마침내 죽오는 그의 나이 29세 때인 정조 12년(1788) 겨울에 경상도의 복과(覆科)에서 장원하였고, 30세 때인 정조 13년(1789)에는 식년시(式年試)에서 진사(進士) 3등(三等)으로 입격하였다. 연이어 31세 때인 정조 14년(1790)에 증광시(增廣試) 문과 병과(丙科)에 급제하였다. 그는 이듬해인 정조 15년(1791)에 승문원부정자(承文院副正

字)가 되었다. 당시 서울의 여러 사람들이 죽오를 초계문신(抄啓文臣)으로 추천하였지만 성사되지는 못하였다고 한다. 그는 봉상시참봉(奉常寺參奉), 성균관전적(成均館典籍) 등을 거쳐 순조 2년(1802)에 후릉령(厚陵令)에 제수되었다가 순조 4년(갑자, 1804)에 병조정랑으로 승진하였다.

이 일기는 그가 병조정랑으로 제수된 해인 1804년 4월부터 시작한다. 1804년은 그의 나이 45세 되는 해였다. 그가 병조정랑에 제수된 것은 그해 7월이었고 한 달 만에 사직하고 낙향한 이후 대부분 고향에서 활동하다가 생을 마친다. 따라서 이 일기는 주제 면에서 볼 때 그의 관직 생활을 담고 있는 1804년의 일기와, 그 이후 고향인 울산에 거주하면서 선비로 살아가는 일상적인 면모를 살필 수 있는 부분으로 나뉜다.

1804년 일기를 먼저 살펴보면, 여기서 그의 활동이 펼쳐지는 주 무대는 서울이다. 그 활동의 정점은 7월 병조정랑에 제수된 때로부터 8월 사직하는 그 시기까지이다. 불과 5~6개월 동안의 짧은 기록이지만 이 일기의 내용들은 관직자가 지방에 내려왔을 때 받는 대접과 수령들이나 지방선비들과의 교유 및 병조정랑으로 제수된 이후 업무들의 구체적인 실상과 그의 일상을 이해할 수 있도록 해 준다. 그가 관직을 그만둔 이유에 대해서는 일기에 언급되어 있지 않다. 그러나 관직사회 내부에서 쟁단(爭端)이 일어나자 즉시 관직을 그만두고 고향으로 내려왔다는 「행장」의 기록을 통해 그 이유를 짐작할 수 있다.

그 이후 친구들의 전송을 받고 서울을 떠난 죽오는 자신의 신상에 대해서 거의 기록하고 있지 않다. 낙담이 컸던 때문인 것 같다. 다만 10월 6일 일기에, 국왕에게 수정영자(水晶纓子)를 하사받는 꿈의 한 장면을 기록하여 언젠가는 자신의 진심을 알아줄 날이 올 것이라는 소회를 드러내고 있다. 그의 기대는 옳았다. 1817년 그는 다시 사헌부지평(司憲府持平)으로 제수되었다. 그러나 앞서 언급하였듯이 그 당시의 일기는 입수되지 않아 당시의 정황을 살필 수 없다.

그의 나이 46세인 1805년 이후 향촌에서 그의 활동은 선비로서의 전형을 보여 준다. 그의 일기를 통해서 그의 생활 감각이 매우 복합적이었을 것임은 쉽게 추정할 수 있다. 그는 교육자이자, 문인이며, 농업 경영자였다. 이러한 복합적인 성격이 그의 캐릭터에서도 잘 드러난다. 이러한 다면성은 그의 선택이라기보다는 생활의 결과였다.

그는 늘 자녀들을 포함한 어린 학동들의 교육에 관심을 두었다. 이 일기를 통해 그들에게 권과(勸科)하고 훈육하고 고강(考講)하는 구체적인 교육과정을 알 수 있다. 예컨대 어떤 책을 얼마만큼의 기간 동안 익히게 하였는가와 같은 사실 말이다. 아울러 이 기록을 통해 죽오는 자신이 읽고 있는 책들도 기록하고 있으므로 그가 어떤 책에 관심을 가졌는지도 알 수 있다.

또 그의 일기는 당시 향촌 지식인들의 관심이 어디에 집중되어 있었는지에 대해서도 알 수 있게 해 준다. 『죽오일기』를 보면 당시 지방수령들이 자주 벌이곤 했던 백일장의 의미에 주목하게 된다. 당시 백일장은 선비들에게 일종의 페스티벌이었다. 따라서 백일장은 시는 물론, 술과 음악, 춤이 동반되는 종합 문화 공간이었다.

그의 문재(文才)는 어렸을 때부터 이름이 났던 터라, 본인도 버거워할 정도로 글 청탁이 많았다. 특히 문과에 급제한 경력이 있던 그는 전문(箋文)이나 상량문에 필요한 사육변려문에 정통하였다. 그의 이러한 능력은 당시 지방의 관직자나 향촌의 양반, 서민들 모두에게 요구되고 환영받는 것이었다.

아울러 지주로서 농업 경영에 대한 그의 깊은 관심은 일기 전반에 잘 드러나 있다. 일기 곳곳에 적힌 치부기들은 이에 대한 직접적인 증거이다. 그는 때때로 농서를 참조하였다. 농사 과정을 그때그때 기록하는 것은 물론, 당시 쌀의 시세 등과 같은 기록도 놓치지 않고 있다. 그는 정부의 황정(荒政)이나 세금 문제에 대해서도 매우 민감하였다.

더욱이 이 일기에는 혼례, 관례, 장례, 양례, 제례의 상황에 대해서 비교적 구체적으로 기술되어 있다. 이를 통해 의례가 갖는 당대의 사회적 의미에 대해 통찰할 수 있다. 이런 의례는 선비들이 사회적 네트워크를 확대하는 좋은 도구로 활용되었다. 특히 이러한 네트워크가 선비들의 삶에서 의미하는 바가 무엇인지를 이해함으로써 양반 중심의 조선사회에 대한 더욱 적절한 조망점을 얻을 수 있을 것이다. 그는 자신의 고향인 울산을 중심으로 경주, 동래, 언양, 영덕 등에 되도록 폭넓은 인적 연망을 구축하려 하였고, 그 위를 자유롭게 활보하고자 하였다.

竹塢日記

1804
순조 4, 甲子

【四月 大】

- 初一日己未 　發鄉行，僉友來見者，煩不盡記．秣新院，宿下馬碑店．
- 初二日庚申 　(朝，冒雨發行，行數里如注．秣　店，宿　店，距延豐官三十里云)
- 初三日辛酉 　(朝發，峽中溪惡石峭，行事間開，過延豊．聞主倅病愈，且有獄事云，書以替面．踰伊蔚領，秣馬包院，乍憩幽谷，宿胎峯)
- 初四日壬戌 　(蚤發，秣水山，又秣安溪，宿軍威縣店)
- 初五日癸亥 　(早發，秣雉山，又秣永川郡店，宿楮棧店)
- 初六日甲子 　早發，秣雉山，又秣永川店，宿楮棧店．(曉發，秣牟良店)
- 初七日乙丑 　曉發，秣牟量店，歷訪李進士仲謙，小飯，宿石村族姪之白所．任兄乃庚來見．

• 初八日丙寅　朝發，秣無去來店，聞家內姑安，稍慰久客之心．午，抵家，妻子親戚相對如夢．

• 初九日丁卯　祖考忌辰，挾室有産，故但行飯享．

• 初十日戊辰　勸課兒輩，眞兒讀史二，頗聰慧，可愛．

• 十二日庚午　往花庵，瞻掃先壟．

• 十六日癸酉　[此十五日事]發向月城，宿冷泉，馬有病氣，可悶．

• 十七日甲戌　[此十六日]秣院洞李進士所，宿普門南進士所，弔李丈子衡氏．玉山去路，訪李進士·李監役於山坮．還良洞，李漢宝·伯心與之偕行．

• 十八日乙亥　[此十七日]秣甲山，抵玉山，良院僉友及止淵南丈，約本尹會游，皆先到，坐龍湫小話．本尹繼至，李致謙·洪老人·崔進士鍾文俱來，竟夜團唔，時听絃歌．是日，甲山路，訪崔郵聖浩自自如來宿．

• 十九日丙子　[此十八日]穩遊杏壇下，食後，往遊溪亭．岩上設樂，半日遊娛而罷．余及南丈來宿甲山．

• 二十日丁丑　[此十九日]微雨，發向龜尾，秣仁夫店．暮，抵鄭兄之所，弔姻伯叔丈．

• 二十一日戊寅　[此二十日]留宿，弔鄭丈夏沃氏．

• 二十二日己卯　[此二十一日]食後發歸，由玉山暫憩院樓．至山坮，遇李仲謙恩行，李望道·李士溫被僉友强携，復往玉院，同宿．

• 二十三日庚辰　[此卄二日]食後，與李士溫，向良洞．歷訪孫晦汝，抵李伯心所，僉友來訪者，煩不記．

• 二十四日壬午　食後投甲山．李仲謙恩行適到，午飯後偕發，仲謙抵崔自郵所，余留仲發．[此卄三日]拜李叅判，向安溪，歷訪李友鼎濟·李兄仲亮，宿沙洞妹家．是日微雨．

• 二十五日癸未　蚤發，秣寒泉，歷拜本倅．夕歸家．

• 二十六日甲申　惠仲從妹婚，定行于今日，新郎卽竹孫喆龍也．賓客稍會．

• 二十七日乙酉　伯兄忌辰，悲悼．見孫郎及上客，客盡歸．

• 二十八日丙戌　(歷拜本倅) 宿尹龍見所，議設白場．

• 二十九日丁亥　携尹進士而得，偕行．至凡魚店，謁主倅於傳舍．午飯于李進士仲謙所．入月城府，入見主尹，出宿于營繕，李監役·南佐郎·良洞諸進士與同宿．

• 三十日戊子　設場于古陽藪，考官主倅·蔚倅·永陽倅·南佐郎景羲氏·李監役樹仁氏及余．多士坌集，壁上觀戰，松下奏樂，眞勝事也．夕，呼中擧火張樂，使君風流，亦可見也．李·南二丈及數三親知，宿營繕．永川守李義敎·蔚山守洪秉周，以考官俱來．

【五月 小】

• 初一日己丑　龍山書院白場，明將設行．約諸丈往游，與二丈及李漢宝·李士溫，過訪崇德殿．叅奉朴霖饋酒食，客至數十餘人．夕飯于崔景至所，宿書堂．

• 初二日庚寅　崔仲韞來見．朝飯後，往書院，盡日娛樂．主倅出坐松下，竟夜奏樂，歸宿院中．

• 初三日辛卯　(崔正言仲韞，自花山歸，與之同遊) 別諸友，甚悵．蔚山白場，又設於五日，南丈爲主倅强請，與之偕行．午飯于石村．夕．(朝飯後，往書院，主倅及李致謙上僴) (夜，來坐于松下，竟夜

聽樂)

• 初四日壬辰　朝，尹龍見書來．午，訪李勳甫，客多不盡記．午後入府，月城尹■■及李致謙·洪老人·崔進士鍾文來，月城親知皆來．夜，設樂于太和樓，宿新畓．

• 初五日癸巳　蚤出太和樓，竟日文酒爲樂，間听管絃．罷場後，(別諸友，可悵) 泛舟太和江，煮肉膾魚，船上觀舞听樂，亦一勝事．

• 初六日甲午　別諸丈及親知．午歸．仲說自龍山來，使留做．惠仲病劇．移早稻．

• 初七日乙未　志慶自開山歸．

• 初八日丙申　課兒輩，逑工與舜兪·婿君孫碩士得仲，晚三四人同隊移秧．(往椒井，冒雨而歸) 朴楗來做．

• 初九日丁酉　豆兒一味儱侗，可悶．眞也聰慧，可喜．(朴弁楗來做) 雨注溪漲，往椒井，冒雨而歸．送有得于甲山，修書月城尹)

• 初十日戊戌　嚴幸宗來做．(嚴童幸宗來做) 惠仲內膧，自上吐出濃汁，雜用狗汁蛇湯．

• 十一日己亥　金童朔江來做．

• 十二日庚子　學徒稍稍來會，有得歸．得月尹答書．

• 十三日辛丑　眞也亦時時綴文，或有可觀．

• 十四日壬寅　雨．訓兒課農，頗有趣味．

• 十五日癸卯　雨注溪漲．

• 十六日甲辰　夏氣漸至．

• 十七日乙巳　試兒輩日課，極有可觀．其中朔江·朴弁·嚴童，稍有步趣．

• 十八日丙午　惠仲昔疾，近向小減，可幸．張童鐵蒙皆來做．

• 十九日丁未　室中，自朝有産氣．

• 二十日戊申　擧福漢，或云未時，或云午時.

• 二十一日己酉　好雨乍過，農功正殷.

• 二十二日庚戌　産後姑無事，可幸.

• 二十三日辛亥　雨高燥地，亦皆揷秧.

• 二十四日壬子　産後以後，腹自昨苦痛，可悶.

• 二十五日癸丑　腹痛少差. 雨又溪漲.

• 二十六日甲寅　西行，定于卄八日. 乍雨乍晴.

• 二十七日乙卯　城村從兄主，來見. 其他人，煩不盡記.

• 二十八日丙辰　發西行，歷拜主倅，宿尹龍見所.

• 二十九日丁巳　宿甲山近地，雨澤不均，高畝或有未種處.

【六月 小】

• 初一日戊午　雨. 着馬蹄微蹇，可悶. 主家以長婦産故爲憂.

• 初二日己未　雨不止，發行. 借安汝馬，有駒，可悶. 安汝問醫往玉山，行十里而別. 秣二佛店，行六七里，遇柳上舍仲玉及泮主人，欣豁不可言，暫話而別. 曹溪水漲，迂路而渡，宿排兵川店.

• 初三日庚申　早發，秣雉山，又秣九珠里. 暮，抵比安，招舟宵濟，宿縣店.

• 初四日辛酉　蚤朝發行，招招舟子，口燥不至，移時乃濟. 秣安溪，又水山三灘大漲，堇堇渡津，宿廣棧店. 夜雨.

• 初五日壬戌　蚤發，京灘水深，不得已厲濟. 秣胎峯幽谷，宿桐華院店，黃海衆墨客，自昨同行.

• 初六日癸亥　朝，踰鳥嶺，秣新店. 至丹越津，津船不在，遵金灘乘船而濟.

宿楡木店.

• 初七日甲子　蚤發, 秣梨花店. 晡驟雨, 宿雙嶺店.

• 初八日乙丑　早發, 秣加代店, 抵泮中. 姜正言公叙來話, 辛正字碩林文瞻, 以槐院宗官來留, 亦來見. 崔國子仁簡來宿, 柳進士燁春同留.

• 初十日丁卯　崔國子仍留話, 厚陵二隷來謁. 是日乍雨.

• 十一日戊辰　陵隷歸. 投書僚官及金大鎭. 是日又雨.

• 十二日己巳　仍雨. 付家書于邸.

• 十三日庚午　仍雨. 覽放翁集.

• 十四日辛未　雨.

• 十五日壬申　雨.

• 十六日癸酉　雨.

• 十七日甲戌　朝, 忝春惠貶座于掌樂院. 雨. 送有得于溫齋, 柳寢郎喆祚方入直.

• 十八日乙亥　有得歸. 仍雨.

• 十九日丙子　雨. 抄謄錢牧齋集.

• 二十日丁丑　乍雨乍止. 朴令成仲·姜正郎聖翊來話.

• 二十一日戊寅　雨.

• 二十二日己卯　雨. 孫訓導來話.

• 二十三日庚辰　大雨, 至夜如注. 和放翁苦雨五律一篇.

• 二十四日辛巳　孫訓導又訪, (大雨) 崔國子適來(雨過)留話, 與李直長二姜友, 訪朴令成仲於宋洞.

• 二十五日壬午　大雨如注, 漢江大漲, 挽近所無云. 二揆引去兵判李允大.

• 二十六日癸未　崔國子歸. (送有得及馬于溫齋[此則卄七日事])

• 二十七日甲申　淸. 送有得于溫齋, 夜, 夢咏名材隨渠矱, 大木備欂云. 而用東字韻, 樑字下未及安穩當字, 覺後乃下櫳字, 追後續成四律.

• 二十八日乙酉　有得歸.

• 二十九日丙戌　往話姜公叙所, 柳寢郎重吉, 自溫齋入來. 李直長來話.

周雅歌楹覺, 羲經著棟隆, 名材隨渠矱. 大木備樑櫳.

意匠經營地, 都料指使中, 爰周開大宇. 肯構繼前功.

題似是室屋, 而不省出於何書.

【七月 大】

• 初一日丁亥　朝, 往見李直長及閔令.

• 初二日戊子　雨午後乍止. 柳重吉借余人馬歸, 製付家書及各處書. 尹碩士孝覺來見.

• 初三日己丑　雨午乍止. 往話姜公叙所, 李斐彦亦來, 閔令繼至.

• 初四日庚寅　設小酌于李直長所, 泮中僉友齊會, 竟日而罷. 崔懿甫與之同宿. 夕雨注. 陵隷來, 得僚官及大鎭書.

• 初五日辛卯　仍雨. 崔國子留話.

• 初六日壬辰　朝雨乍止. 崔國子去, 借憲府, 付傳家書. 訪李都事, 製記夢詩, 朝夜稍有凉氣.

• 初七日癸巳　淸. 往話姜公叙所, 又訪李斐彦, 得龍宮仵書.

• 初八日甲午　李斐彦·姜公叙·辛文瞻來訪, 俱往李斐彦所, 穩話. 尹孝覺來訪.

• 初九日乙未　又往李友所, 姜·辛二友亦來.

• 初十日丙申　行郎政呂奎明, 忠幕成東一, 橫城張東源, 阿耳權思漢, 泗川李國標，連源郵姜學濬，肇慶廟令閔廣魯令，慶尙都事崔仁簡，直講朴廷佮，禮曺佐郎柳士鉉，掌令左揆徐邁修，右揆李敬一，自上除授．除兵曺正郎，午詣闕肅謝，仍叅政廳僚官及銓郎，與之穩話．待西銓，罷坐，復從宣仁門出來，日已曛矣．入李直長所，僉友齊會團唔，夜深而歸．是日微雨．

• 十一日丁酉　雨．付家書于邸人，往話姜公叙所，連郵設鷄酒于此泮中，同人齊會．

• 十二日戊戌　雨．朝食後就直，直廬雖甚軒敞，而孤寂殊甚，看字觀魚，可以排懷．招見本府邸人，數日後，似有歸便云．晬日虛過，去年今日，與家人湛樂，今在千里外，可歎．

• 十三日己亥　乍雨．朴成中·崔懿甫來話，洪佐郎羲玄齋宿于此，與之穩話，厚陵隷來見云耳．

• 十四日庚子　李兄周禎氏附國子啣，付書通之．陰．崔直講·孫訓導來話，東萊尹主簿見訪，去冬同行者也．時讀朱百選．自夕至夜，蒸欝殊甚．

• 十五日辛丑　曉雨，達夜大注．今年雨反爲災，多敗禾稼云．讀朱觀陸詩．

• 十六日壬寅　阿耳僉使張東源見訪，是時，武官來見，煩不盡記．小晴，又付家書，僚官一軍色金相休，有事入去，與之小話．健陵幸行，定于來月十六日．

• 十七日癸卯　投書河回．孫訓導·崔直講來話．雨点微下，夜，小注乍止．

• 十八日甲辰　昨夜，畫出禁喧郎，曉起具戎服，上御明政殿，隨駕禁喧，初用此役，不勝惶蹙已，歸泮直入．李直長昉穩話，晡與興爭，文瞻訪，姜聖翊·李直長若烈來話．是日，午大注卽止．

• 十九日乙巳　得家季去月晦日書，家中姑安，年事有大熟之望云，可喜．裁付答書, 金進士冕鎭·大邱徐進士·尹生來見. 閔都事明將發歸, 往見. 付解顔書, 夜, 文瞻來話.

• 二十日丙午　與李斐彦, 餞姜聖翊. 朝, 訪姜公叙. 李斐彦來話, 崔直講來宿.

• 二十一日丁未　自李斐彦偕僉友, 往游宋洞金補天家, 暮歸. 柳士鉉遞憲啣. 曉雨乍止. 上親行皇壇, 望拜禮於春塘坮, 又當禁喧. 午, 與僉友, 會話李直長所.

• 二十二日戊申　往叅訓鍊朔試射. 崔直講歸, 付書. 柳士鉉·權進士爾復·睦進士祖訥·辛文瞻來話.

• 二十三日己酉　淸. 文瞻來話, 投書延豊衙. 尹孝覺夜同宿.

• 二十四日庚戌　自朝雨. 入直, 讀朱書. 李正言泳夏·鄭持平日泰夜來, 穩話.

• 二十五日辛亥　客中逢今日, 不勝隕泣, 夢有得持陳酒而來. 是日乍晴. 崔慶州獻重氏書問, 投書崔正言仲韞, 洪谷山羲運伻問書, 庸謝之.

• 二十六日壬子　崔直講·孫訓導來話, 得洪谷山謝疏, 得李進士廷泰書.

• 二十七日癸丑　僚官吳性根入直, 往拜崔慶州. 晩朝入泮, 姜公叙來話. 是時, 天氣稍凉.

• 二十八日甲寅　往話李斐彦所, 姜公叙又來話. 午稍熱.

• 二十九日乙卯　上行展拜禮於宗廟景慕宮, 以先詣禁喧, 左台出肅, 曉入宗廟, 又自景慕宮詣闕門. 大駕午後還宮, 由宣化門入泮, 來訪之人, 煩不盡記. 忠州李上舍丈·星州鄭藎·崔毅甫·孫訓導·尹孝覺.

• 三十日丙辰　早朝入直, 聞數日後, 似有鄕便. 裁置家書. 豊德李碩士漢昱來見. 本曺佐郎徐有望, 齋宿本曺.

〖八月 大〗

•初一日丁巳　僚官，自文廟享所入直，朝出來跪，唁洪谷山．健陵行幸，改定于今卄八日．明日擧動，爲龍旂差備．懿甫同宿．

•初二日戊午　上又行展拜景慕宮，親省牲器．蚤朝詣闕陪龍旂，至景慕宮，祇迎大駕，仍入軍幕．洪羲玄·李元八與之穩話．午，大駕還宮，罷而歸．懿甫來待，小話而歸去．辛文詹來話．夕，訪姜公叙，明日尋鄕故也．

•初三日己未　天氣淸爽，忠州李進士，朝來穩話．食後，携辛文詹，往話朴成仲所．又往宋洞，坐樹下，移時歸．

•初四日庚申　朝，靑松權進士來話．右相李敬一，出肅和咏，李直長若烈，贈辛文瞻·朴成仲七律三五律一．朴成仲除禮曺正郎，往其館不遇，訪李直長若烈，辛文詹亦在，朴成仲同話．

•初五日辛酉　李斐彦三次來話，朴成仲·辛文詹來話．以祿吏治罪事，本曺判堂首使呈遞果，啓請改差．

•初六日壬戌　往話李斐彦所．遞騎啣，辛文詹·李斐彦來話，崔直講仍宿，趙宣傳台榮來訪．騎曺陪隷，告別而去，曉付家書．

•初七日癸亥　又往李斐彦所，文詹亦來穩話．晌，與二兄往，訪李謙會．文詹明將就直太字寺，夕來作別，殊悵．買孝經·左傳抄評．辛文詹贈七首詩．

•初八日甲子　往話斐友所，斐友亦來話．月城權兄鳴應來方吟病，往見．李兄景瞻氏，以國子官上來．榮川李公望亦來，崔承旨喝問．

•初九日乙丑　朝，往唁洪喪人羲運．崔承旨獻重，歷訪太字寺辛文詹，往壯洞，訪鄭持平日泰·孫訓導之亨，謁銓長金達淳．晩朝歸泮，柳絫奉率余人馬而來, 得家中平書. 李斐彦·李國子景瞻氏來話.

• 初十日丙寅　崔直講來宿. 夜, 訪權鳴應氏. 李典籍景詹氏·李斐彦來話.

• 十一日丁卯　又見權丈, 扶病發歸, 來見之人, 煩不盡記. 李謙會贈別詩, 李典籍景瞻亦來話, 李斐彦朝出直, 自此作別, 甚悵. 文詹夜來穩話.

• 十二日戊辰　明日將發行, 李景詹氏歸馬, 借駄中物, 韓正言義運喝問, 李直長灝淳書問. 李謙會·文詹來話.

【十月 大】

• 初六日辛酉　夜, 夢拜天顔, 上親賜水晶纓子, 裹以幣紙, 中又有一封珠, 而未琢如石片纓珠, 非玉非石, 似水瓊色, 箇箇匀圓, 頭尾稍大, 腰則差小. 不貫以索, 擎奉就殿側, 以手披摩愛玩, 移時, 留一片珠未琢者, 而(珠未琢者, 而)還獻于上, 上方御閤內, 見余獻珠曰, 姑置之. 上意似許賜矣, 不勝感悚. 是時, 崔景至在傍.

• 三十日乙酉　眞兒畢史二, 盖始於春夏間.

【十一月 大】

• 初一日丙戌　眞兒始孝經.

- 初十日乙未　豆兒始論四. 荒雞亂唱.
- 十一日丙申　荒鷄唱至十許次.
- 十二日丁酉　大兒畢通八.
- 十三日戊戌　大兒始孝經.
- 十七日壬寅　眞兒畢孝經, 始通初.

竹塢日記

1805
순조 5, 乙丑

【正月 小】

得訟之大過

• 初一日丙戌　清. 龍塘朴室從姊氏來留. 其孫來此得病, 朴丈昨來率去. 朴子雲又來, 姊氏歸去, 可悵. 城村從兄鄭戚龍甲·張丈漢明氏與宗兄主, 守歲講堂. 張丈歸家, 季以橫厄避去, 盃酒之會, 不勝少一之歎. 午, 携鄭戚, 往拜花庵先壟.

• 初二日丁亥　清. 往拜龍塘從姊氏, 兒病無減云. 歸路, 歷候椒井老族叔母, 去路, 展拜椒井墳塋. 周南宜樞族叔來宿. 朝, 送人安康, 盖探聖紀去處也. 得崔懿甫書, 安戚凞萬來.

• 初三日戊子　陰而微雨卽止. 向晚命駕, 發向鵲洞家, 季歸故止之, 朔男兄弟被棍於兵營, 卽所謂橫厄故也. 乃歲前事也.

• 初四日己丑　淸. 往拜鵲洞墳塋而歸. 府吏來傳新倅喝, 卽林性運, 臘晦上官.

• 初五日庚寅　入府, 見本倅, 坐語鄕廳, 暮歸. 嚴幸宗來.

• 初六日辛卯　淸, 郭希顔來. 撻豆兒·希顔, 仍令留做.

• 初七日壬辰　發向密陽, 暫訪龍塘朴士長氏病臥, 榮也尙痛云. 秣黃橋鄭先達家, 抵花濟族人宜春所, 夜欲乙, 帶月步行, 亦一奇景. 春也丁內艱.

• 初八日癸巳　春族葬期, 在今旬一. 行斬祀於今日午時, 要余爲獻官, 罷祀後, 發行, 暫憩于花濟店. 族人龍津家沈生員文德來話. 至盃禮日, 曛迷失路, 投宿于一處, 卽郭座首家也, 主人頗款待.

• 初九日甲午　食前, 喫白粥. 發行, 朝飯于錨浦安良彦[從姊夫]所. 暫訪申祖謙, 抵來進李友英簡所. 夜與穩話, 仍約婚姻, 今行盖爲此也. 平昔知己之契, 又結新好, 喜可知也.

• 初十日乙未　仍留, 徧訪洞中諸長老, 李兄綏安氏有戚誼. 供夕飯, 李景善曾從余游者, 鎭日來話, 屢供酒食. 英簡之子若壻, 俱俊秀可愛, 安卽歸. 送有得于自如, 騎去余之人馬.

• 十一日丙申　又留, 往宿程溪李丈支國氏所. 洞中諸友, 鎭日來話, 充滿堂宇, 文棋嘲謔, 足以爲喜. 英簡從余來宿, 有得自自如歸, 崔郵歸鄕云.

• 十二日丁酉　來宿英簡所, 來此翌日, 簡姊兄. 楚賢氏於渭楊來, 與穩話.

• 十三日戊戌　授豆漢四星於英簡, 約以三月成婚, 不勝欣幸. 今朝又飯于綏安氏所. 食後, 發行. 踰晁義峴, 夕飯于朴孝先所. 携孝先, 訪牟山朴進士輝仲家. 夜與穩話.

• 十四日己亥　渭陽小兒來學, 牟山與之偕往渭陽, 瞻外王考考妣墳墓. 秣慶山店, 抵大丘解顔, 日已曛.

• 十五日庚子　往智苗，訪英玉聘家，以其婦崔室來留故也．來宿丹山．

• 十六日辛丑　朝，聞福萬始到，更往池塘，普門姊家婢貞丹爲險也．廉價放賣，欲還退，率去卜萬，盖持價錢來也．仍向達城．是日，雪且寒．偵知貞丹留處，招見之，雖願從來，不足用，置之而發．投宿于遠坮趙丈宅揆氏所，聘家奴鳳嶲，來接于營邸，招見之．

• 十七日壬寅　清而寒．入西門外，池塘郭兄再從兄弟亦來．忽聞國哀，不覺驚惶．馳抵池塘，丹山郭戚丈及數三年少，來與同宿．

• 十八日癸卯　早食發行，路遇風雪．秣慈仁邸，至大川，舜兪兄弟追尋萬卜，不見而來留，與之偕行．宿石門店．

• 十九日甲辰　曉發行，朝飯于桴木店，秣彦陽邸，始聞國哀，卽大王大妃．臣民不祿，痛哭何言．少憩于鵲洞，抵家，日欲曛．

• 二十日乙巳　早食後，入府邸，入哭于殿牌前，見本倅，坐語．移日，定館于戶籍所，尹進士而得·朴奎昌來與聯寢．來見之人，煩不盡錄．叅夕哭班，見臘政都目，李周楨結城·李堧黃山·崔仁簡保安·李希延軍威．

• 二十一日丙午　尹龍見來，與留話，而得歸．朴友吟病，可悶．叅朝夕哭班．

• 二十二日丁未　尹兄歸，而得入來，入見本官．從見近日爛報，服制依丁丑國恤時例，行朞年云．有得來去．

• 二十三日戊申　舜兪入來，安甫族·朴子雲·李景仲·勳甫·士源，而餘煩不盡．提來與同宿．末三牽馬來，官使吏房給白笠，價錢一緡．

• 二十四日己酉　平朝，行成服禮．入見本倅，卽爲馳歸．

• 二十五日庚戌　曉，天鳴西南，似地震聲，雉驚狗吠，可怪．

• 二十六日辛亥　往訪龍塘，病勢稍減．雨洒乍止，歷訪椒井各家而歸．夜，覽節酌通編社倉條．夜雨．

• 二十七日壬子　雨不止. 製時儷一首, 萊津李友文善所請故也.

• 二十八日癸丑　終日微雨. 數日來, 始聞蛙聲.

• 二十九日甲寅　晴. 午後, 入府邸, 爲明日哭班故也. 沙灘橋圮, 遵津路而渡, 有一十三歲兒溺死, 慘矣. 抵伴鷗亭李勳甫家, 尹而得有前期於此, 已先到. 夜, 與諸友穩話, 簡黃山郵李堧

【二月 大】

大王大妃謚曰貞純, 徽號昭肅靖憲.

魂殿曰孝安.

景陵.

• 初一日乙卯　早, 與尹而得, 入叅哭班. 食後, 見本倅坐語, 移時還家. 眞兒始通二. 社倉法自朝家下令. 豆漢始論五.

• 初二日丙辰　微雨, 午後乍止.

• 初三日丁巳　晴, 春氣漸煗. 得黃山郵李時應書. 嚴錫憲來.

• 初四日戊午　雨. 觀農家集成.

• 初五日己未　自夜雨, 至午乍止. 嚴生歸. 是夜大風.

• 初六日庚申　祖妣忌辰. 以方喪, 只行飯饗. 大漢始通九.

• 初七日辛酉　夜, 大風酷寒, 朝後乍止. 午後, 寒風又摯.

• 初八日壬戌　仍寒.

• 初九日癸亥　食後, 雨午乍止.

• 初十日甲子　淸. 聲池從兄·禿登從兄來, 禿登兄歸, 城村從兄來, 先妣忌日, 在明日故也.

• 十一日乙丑　方喪之故，只行飯饗，尤爲賈泣．二從兄歸，與惠仲·學兼，往安花庵．發山下，各人種楮木，日暮而歸．

• 十二日丙寅　孫再吉來．大行大王大妃回甲，頒赦以國哀，今日始頒．

• 十三日丁卯　午飯後，發向府邸，以公除在明故也．有得告歸，千里服事之餘，今忽解送，且其人儜俐，可使可悵，亦可惜也．至五福洞，後逢有得，至無去來店，少憩．到店後，有得拜馬前而去，悵然，至於潸然．直入鄕廳，留宿．尹進士而得·朴別監奎昌聯枕．得保安郵崔仁簡書．朴戚士文來去．

• 十四日戊辰　公除無哭班云．食後，入見本官，坐語．移日，歷見鄕廳，發歸，金子衡·朴漢五·奎昌偕行．至三灘，市黃魚三尾，小憩五福店，沽酒作膾而食．別二友而歸．夢自如郵崔聖浩．

• 十五日己巳　孫再吉歸，徧觀栗林麥畝，春事正殷．

• 十六日庚午　朔男，自慶州龍甘歸．

• 十七日辛未　晡雨，達夜如注．觀唐詩品彙．

• 十八日壬申　雨終日，前溪漲溢．(村人合力，設箔，捕黃魚)

• 十九日癸酉　乍晴．黃魚(只捕四尾云)上前溪，村人設箔．

• 二十日甲戌　淸．杜鵑爛熳，春景正可觀也．捉黃魚四尾云．

• 二十一日乙亥　(自夜雨，終日霏微) 陰雲．

• 二十二日丙子　自夜雨，終日霏微．

• 二十三日丁丑　乍晴．送學兼於新溪李君成(所仍轉向甲山)所，仍使轉向甲山，志慶亦偕去．

• 二十四日戊寅　雨終日，夕乍止．椒井痘氣大熾云．

• 二十五日己卯　晴．夜，夢崔聖浩．椒井玉姪來宿．季嫂宿病漸革，似難以醫藥可治，悶不可言．

- 二十六日庚辰　送卜萬于解顔. 夜雨溪漲.
- 二十七日辛巳　連雨. 季嫂病勢, 已至無奈, 慘不可言. 戌時, 竟不救痛矣. 只有十二歲男七歲女, 尤可慘矣. 是夜, 襲, 大母阿入置家中. 近日, 土雨四塞.
- 二十八日壬午　晡, 小歛, 親族來見者, 煩不盡記. 邀來木手朴·金·上人, 午始造棺.
- 二十九日癸未　入棺. 昏, 學兼歸. 馬病, 置之中路.
- 三十日甲申　成服, 族黨散歸, 木手亦去. (昏, 學兼歸. 馬病, 棄之中路而歸. 得自岩崔正言·崔進士書, 甲山各家書亦來. 是日陰) 鳴昌牽馬來, 右足蹇, 朴子雲來唁.

  租十斗一兩

【三月 小】

- 初一日乙酉　朴子儀來唁. 孫晦而來, 聞當宁順行大痘, 不勝喜祝.
- 初二日丙戌　約嚴碩憲相會于花庵, 余及聖紀·孫晦而·學兼往花庵, 嚴生午後果至, 周觀局內, 暮歸. 微雨, 植梧木于花庵南東.
- 初三日丁亥　仍雨.
- 初四日戊子　晴, 孫晦而歸, 携嚴生·舜兪兄弟, 觀前後山脉, 聖紀及嚴生·學兼往高安, 遇城村從兄于川東, 偕去, 志慶自甲山歸, 兵營吏夜來, 以兵相言, 來請別箋文, 製送四首, 盖上順行痘候, 稱慶箋文.
- 初五日己丑　陰而寒, 安從兄萊伯氏·族孫昌勳來去, 甲山根姪家伻來, 聖紀歸. 定權厝于前山坤坐之原, 日子卽十六日.

• 初六日庚寅　甲山伻歸, 自夕始雨, 夜, 震雷大注. 希顔·志慶始綴文.

• 初七日辛卯　乍雨乍止, 是日, 玄鳥至, 杜鵑夜落.

• 初八日壬辰　乍晴, 近日, 乙風大至, 凜若嚴冬.

• 初九日癸巳　乙風不止, 陰雲不解. 鵲洞金風憲光遠, 率其孫來見. 午後又雨, 金生歸, 留其孫潤興.

• 初十日甲午　微雨, 金生歸, 夢往李英簡家, 午後, 得此友書. 月前, 家內經時患, 以方喪之故, 親事秋以期爲.

• 十一日乙未　陰, 乙風不止.

• 十二日丙申　陰雲, 甲山伻來卽回. 季君家襄期, 退定于今卄二日. 天休往龍塘, 堯甫氏來去, 面任來見而去.

• 十三日丁酉　陰雲, (雨點時下) 辛丁碩喪其母, 舍季家行斬祀於溪南養藪中. 微雨, 嚴碩憲來.

• 十四日戊戌　雨點, 微下乍陽. 池塘從兄來宿, 嚴生歸. 買牡牛一隻.

• 十五日己亥　乍晴, 族人元甫來.

• 十六日庚子　金光伯來去, 朴丈魯應氏來宿, 李慶灝來去, 金潤興來讀.

• 十七日辛丑　凊, 觀鉏麥田, 得尹龍見及其二子唁書.

• 十八日壬寅　乍陰, 以牡牛換買牝牛.

• 十九日癸卯　觀山役, 歸路, 觀惠從墾土於藥坪.

• 二十日甲辰　雨, 借隣里民力, 治壤樹, 雨甚而罷. 金武三來見而去. 退送牝牛, 牽來本牛.

• 二十一日乙巳　大雨終日, 溪水漲溢, 窃恐雨不走葬, 午後, 大風掀地.

• 二十二日丙午　風雨乍止, 晩食後, 發紖, 前溪過㵎, 騎健牛以濟. 午下棺, 如干會客煩不盡記. 安康孫周汝爲雨水所阻, 午後始抵. 族兄堯甫氏·長元來宿, 送病馬于鵲洞李生員, 金潤興歸.

- 二十三日丁未　乍晴, 出觀郊原, 送惠中于鵲洞, 看馬病.
- 二十四日戊申　又雨, 得水營裨將李喆延書. 眞兒畢通二, 始三卷. 今春始見白毛, 可歎.
- 二十五日己酉　乍陰乍陽, 孫周汝歸.
- 二十六日庚戌　自曉微雨, 晌少止.
- 二十七日辛亥　雨點微下, 梅婢有身吟病, 已四五日, 火下無使喚, 可悶. 鶴孫願爲雇奴, 置之.
- 二十八日壬子　雲陰欲雨, 寒風連日不止, 可怪. 朴子儀來去, 來月初九, 設接于龍塘書齋云, 萊津李景善弟夭逝云, 其人可愛, 慘哉.
- 二十九日癸丑　自曉又雨, 終日如注, 川渠大漲.

【四月 大】

- 初一日甲寅　雨止滴水, 庵契員李孝吾·朴得龍·朴泰龍來會, 晡罷歸. 金潤興來, 舜梅發別症, 蒼黃半日, 堇得生道. 潤興牽來鬣者, 蹇病未快, 可悶.
- 初二日乙卯　舜婢食後又發病, 悶憐. 族人志昌·朴童貞孫來, 舜婢出避于萬得家. 豆兒畢論五.
- 初三日丙辰　志昌往龍塘, 將開文會. 潤興去, 翌來.
- 初四日丁巳　希顏歸, 殊可悵也. 期以旬後卽來, 更做發歸, 潤興有不美事故也. 楡谷大川族叔來宿, 福日歸.
- 初五日戊午　舜婢未時生男.

• 初六日己未　夏氣漸生. 簡尹進士父子.

• 初七日庚申　往觀降吐堤堰處, 金子衡來去.

• 初八日辛酉　借四洞民力, 築于降吐堤, 往觀之. 晡雨, 達夜不止.

• 初九日壬戌　祖考忌日, 只行飯享. 雨勢終日, 鶴孫自解顔歸.

• 初十日癸亥　淸. 往龍塘, 至肝谷前路, 馬仆墜泥中, 衣韈沾汚, 洒曝溪邊. 馳到龍塘, 少長多會, 與諸長老, 往書齋, 文士多來, 試考課券, 仍留宿書齋.

• 十一日甲子　考券後, 下龍塘. 午飯, 還家, 日已曛.

• 十二日乙丑　往花庵, 設房會, 暮而歸. 甲山姨姪端悅來, 將留讀于此. 文玉川痘喪兒, 慘矣. 權安汝根若·孫晦而·余三兄弟·學兼·惠仲各出一緡, 合七人作契. 盖孫友以其妹喪之後, 欲因此來往, 不忘舊誼, 故强從其意也.

• 十三日丙寅　自曉始雨, 終日如注. 端悅再讀通十三卷.

• 十四日丁卯　仍雨. 自昨氣不平, 可悶.

• 十五日戊辰　雨注川溢, 晡乍止. 內子又病, 可悶.

• 十六日己巳　陰霏. 今日折草, 令出舜婢, 今午後始入來. 歸甲山人馬. 裁送保安郵謝書. 舜婢尙未快, 不能服役, 可悶.

• 十七日庚午　募人, 折草於大陽. 朝陰午淸.

• 十八日辛未　又折草于大陽. 端·眞二兒試五言.

• 十九日壬申　兒輩出游溪社, 余亦往觀, 小槐成陰, 亂松送風, 稍覺爽然. 曛, 希顔來.

• 二十日癸酉　又雨, 頗妨農務, 可歎. 覽朱書.

• 二十一日甲戌　乍雨乍止. 晡, 送希顔于龍塘書齋. 觀唐詩.

• 二十二日乙亥　曉雨朝止.

- 二十三日丙子　淸. 龍塘書童持課劵來, 考評以送.
- 二十四日丁丑　高祖考忌辰. 曉, 陰霏乍晴. 希顔·志慶來, 志昌今旬九, 丁內艱, 不勝悼怛. 潤興來. 大漢九卷畢, 始讀八卷下篇.
- 二十五日戊寅　伯嫂忌辰, 送潤興于龍塘書齋.
- 二十六日己卯　麥欲黃. 得黃郵謝書.
- 二十七日庚辰　伯兄忌辰. 率冠童游講堂, 淸凉可喜. 甲山倅來去.
- 二十八日辛巳　希顔·休孫往龍塘. 晌, 率豆漢·得三兒往龍塘, 送二兒于書齋, 夕飯于子儀家, 宿子雲所. 夜, 考書徒課劵. 來進李碩士卽子儀婦弟, 適來相見, 聞英簡安報.
- 二十九日壬午　食後, 與子雲往書齋, 金景鐀·朴得龍·朴泰龍來, 冠童合三十餘人, 頗有聰慧者. 璧茫持酒來見, 朴得用亦如之.
- 三十日癸未　人馬來, 率二兒, 歷訪龍塘, 遇金座首光洙氏, 暫話而歸. 黃郵書又至, 始聞向來遷謫人, 俱蒙宥云, 可幸.

　　廿八日, 借八大家於士安車兵房家, 合三十八卷.

〖五月 小〗

- 初一日甲申　桶泉車性良去京, 付書于頓村數處. 城村從兄來去.
- 初二日乙酉　楡谷·霞谷族叔·龍塘朴明老來去. 昏, 點雨. 曉, 付李英簡謝書于龍塘·萊津李碩士.
- 初三日丙戌　朝, 似有雨意, 雲陰忽解, 咸曰旱兆. 大麥欲黃, 村人或刈. 鍮匠來, 求溺江大匜, 期以閏月持來. 繙閱八大家. 豆·得齊始述課.

• 初四日丁亥　金得宗往水營, 付書李郎廳及萊府尹先達. 午後, 率兒輩, 出游溪社.

• 初五日戊子　龍塘書童持課劵來考. 送筆契壽契, 供酒肴. 學兼要我夕飯, 明日乃宗兄主晬辰故也. 農人望雨 (端悅畢通十三)

• 初六日己丑　(雲陰, 雨點微下) 宗兄主晬辰, 盃酒, 情親族來見, 隨宗兄遵溪, 觀獵川而歸. 朴奎昌見訪. 端悅畢通十三.

• 初七日庚寅　雲陰, 雨點微下. 必慶·朴童貞孫持課劵而來, 希顏吟病云, 可悶. 豆漢與得也送做鶴齋. 晌, 雨注. 嚴錫憲及其子來宿.

• 初八日辛卯　嚴生父子去龍塘. 得昨遇雨歸, 今日去. 是日朝, 微雨卽止.

• 初九日壬辰　率端·眞二兒, 往龍塘, 賢也亦隨去, 午飯于龍塘, 上鶴齋, 考課劵. 晌, 考講冠童.

• 初十日癸巳　少長(老)咸集, 試冠童, 文吉·文玉抵家, 簡招. 晌見到, 宋觀洙亦至, 留與年少較技. 因山定于六月二十日云.

• 十一日甲午　仍留諸年少才子, 設座樹下, 競葩角才, 政可觀也. 尹龍見昨宿龍塘, 來訪於鶴齋, 穩話終日. 夕, 去宿龍塘, 期以明日, 偕往石川.

• 十二日乙未　午, 留別諸年少, 往龍塘, 點心後, 率豆·眞·端三兒, 與尹兄步行. 晌, 抵家, 日下, 與客穩話. 學兼自外歸, 擧網得銀魚.

• 十三日丙申　尹兄歸, 送之栗林. 午後, 風起. 大漢訖通八下編.

• 十四日丁酉　午後又風, 簡龍塘書社. 端悅始通十四, 福漢痛繁腹, 可悶.

• 十五日戊戌　午後又風. 福一·必慶持龍塘書齋課劵而來.

• 十六日己亥　曉雨, 不及一犁而止. 二童午後歸, 食後, 送人鶴齋, 付衾韈等物. 眞兒畢通三.

• 十七日庚子　眞兒始通四.

- 十八日辛丑　登小山, 望四野.
- 十九日壬寅　繙閱唐詩.
- 二十日癸卯　簡龍塘書齋. 廣靑金童·梌谷孫童持課劵來, 希顔·文吉·文玉·休孫自龍塘來, 福漢初度. 朝, 設晬盤以試, 先把套書及筆墨. 曛雨.
- 二十一日甲辰　雨, 不過一鋤, 午乍止. 眼疾添發, 可悶.
- 二十二日乙巳　晴. 二權君·希顔·孫休又去龍塘, 豆也與得也隨去. 解顔姪阿痛痁, 疾已三次, 試以方藥, 尙不效, 可悶.
- 二十三日丙午　雲陰, 晌, 雨點微洒.
- 二十四日丁未　乍陰乍陽, 雨点時下. 龍塘課劵來考, 送.
- 二十五日戊申　(豆兒及得也) 余及仁同族兄, 偕往龍塘, 宿朴子雲所.
- 二十六日己酉　食後, 及仁同族兄往書齋, 龍塘老少諸員偕往, 考課劵, 仍設講, 留宿, 仁同族兄往留龍塘.
- 二十七日庚戌　早食後, 出題試士, 來訪之人, 煩不盡記. 近鄕文士六七人來, 越三日而歸.
- 二十八日辛亥　鶴孫持饌來, 端悅·眞漢亦來, 聞馬昨日生牝駒, 至夜而斃, 可惜.
- 二十九日壬子　仁同族兄及諸老少又會, 穩話終日而罷. 文玉有病氣, 可悶.

〖六月 小〗

- 初一日癸丑　文玉少差. 午, 來龍塘子儀家, 設酒食, 要來書社諸人, 穩話杏隱下. 晌, 及仁同族兄歸, 豆·得·端·眞·如慶俱罷歸, 所經頗有旱災.

• 初二日甲寅 眞兒鱉腹稍減, 而猶未快, 可悶. 晌, 始有雨意, 乍洒乍止. 送如慶于龍齋, 簡諸君, 暮而還. 車性良自洛歸, 得李斐彦·孫之亨及泮人書.

• 初三日乙卯 晡, 微雨.

• 初四日丙辰 雨止, 一犁而止, 農民惜其未洽, 高燥之田, 未及稀秧, 送人龍齋.

• 初五日丁巳 二權君·郭郞·休孫, 自龍齋罷歸.

• 初六日戊午 卞生曾留龍齋者, 過訪卽去. 簡鷗亭李勳甫, 要送其子, 將與豆也聯業, 設接于溪社, 率兒輩出居, 淸爽可喜.

• 初七日己未 佳岩崔景至送其子, 留做於此. 晡, 驟雨乍過.

• 初八日庚申 朴奎馨專伻書問. 出溪社.

• 初九日辛酉 午後雨下, 夜大注. 出溪社.

• 初十日壬戌 雨不優渥, 高燥之田, 尙有餘者. 石村任君兄弟來, 將留做云. 崔周彦定館于貴才所, 文吉定于性右.

• 十一日癸亥 雨不沾足, 而乍來乍止. 出溪社.

• 十二日甲子 午前大注, 川漲溝溢, 慰滿三農, 但恨不早也. 得朴子雲書.

• 十三日乙丑 出溪社, 龍塘書徒考劵而去.

• 十四日丙寅 出溪社, 覽八大家. 金在鎭來, 卽向龍塘

• 十五日丁卯 日氣稍熱, 溪社淸爽, 日與書徒逍遙, 聊可爲喜. (金載[在]鎭來, 卽向龍塘) 金在鎭來留做, 安履仁·崔濟亨·鄭綏權俱來, 朴楗亦來.

• 十六日戊辰 (安履行·崔濟亨·鄭綏權來做溪社, 金在鎭亦來, 朴楗亦來, 各定舍館) 分大小, 接試才. 金朔康來做.

• 十七日己巳 (食後, 出溪社, 分大小, 接試才, 政可觀也) 近日極熱. 得李

勳甫書.

• 十八日庚午　食後，入府，因山發引在十九日寅時，將叅哭班故也．觸熱作行，不能堪耐，小憩．入見主倅，坐語，移時，出舍館．

• 十九日辛未　食後，入見主倅．午，往伴鷗亭李勳甫所，穩話，發泄瀉，可悶．朝，叅哭班．

• 二十日壬申　午還(入)府，直入東閣，穩話．昏，叅哭班，來見之人，煩不盡錄．

• 二十一日癸酉　又見主倅，因馳歸，希顔痛癰疾，今纔向減，書社諸年少來見．雨可一犂．借湖山野錄于本倅．

• 二十二日甲戌　糊木籠．午，驟雨乍過，乾疇欲漲，惜未旣優．

• 二十三日乙亥　數日來，炎熱太甚．出溪社．

• 二十四日丙子　朴思贇妻鄭氏，昨日，以別症夭逝，慘矣．崔周彦泄瀉苦痛，可悶．

• 二十五日丁丑　朴子雲來，試士于溪社，文玉自昨微痛，可悶．楡谷孫險札來做，其兄省汝來去．

• 二十六日戊寅　極熱，文玉少差，周彦無減，悶．安國良來見．

• 二十七日己卯　得崔郵仁簡書．天地如在洪壚中，如此之熱，近年初見．二生之病俱差，安生出外，福兒泄瀉，可悶．溪社考講冠童．

• 二十八日庚辰　久不雨，日又熱，秧畝或坼．倭船泊項島云．

• 二十九日辛巳　崔生歸，繙閱書籍．

【閏六月 小】

• 初一日壬午　安生來，得甲山書．自今日大接，述二篇，或日三篇．

• 初二日癸未　崔景至家伻來，得景至書.

• 初三日甲申　甲山伻歸，送卜萬于甲山.

• 初四日乙酉　食後，入府邸，以卒哭哭班在明日故也．憩無去來店，前樹下，澆麥飯而點心，入府小憩，入見主倅，日暮出舍館．夜，微雨卽止．本倅出空石四十立，以賜溪社諸君.

• 初五日丙戌　鷄未鳴，叅哭班．食後，入見主倅，午後還家．溪社書徒來見，崔生昨來云.

• 初六日丁亥　昏始雨，凉氣爽人.

• 初七日戊子　夜夢根若，贈佩刀一，銀鑶子一，挿之舊鞘，可怪．微雨乍止．卜萬歸，得甲山伊助書.

• 初八日己丑　日游溪社，與書徒逍遙.

• 初九日庚寅　設酒肴，慰書徒.

• 初十日辛卯　小接，擢四人，較才.

• 十一日壬辰　夢見銓長，語及崔仁簡保安郵殘薄之狀，可怪．金童朔江歸，甲山根若家伻急至，從嫂患候猝劇，方在待變中，驚慮不可言．夜，驟雨，不過浥塵.

• 十二日癸巳　瀷與天休往甲山，推送十緡銅．鄭生歸，文吉痛痎稍減．雨点時下，而終不沛然.

• 十三日甲午　朔江來，文玉乍痛卽差.

• 十四日乙未　龍塘朴丈魯應氏·族人元甫來，俱溪祠任，以明朝焚香故也．解顔伻旱災太甚云.

• 十五日丙申　朴明老來，家季再娶，定于大陽李奎精家，明老房中通意，授送四甲，石塘崔把摠來，卽崔生父也.

• 十六日丁酉　朴丈元甫歸，朴楗·張童歸，越二日而來．惠仲往竹院，投書李英幹.

• 十七日戊戌　得崔景至倅書. 月城尹朴宗京出, 巡題書徒, 將製送, 金三益歸, 走諸君, 謝空石, 儷文與本倅.

• 十八日己亥　聞本倅祈雨于雩壇, 借子儀馬. 晡, 馳往龍塘, 昏, 往見本倅, 穩話夜分. 微雨乍止. 鷄未鳴, 來宿龍塘.

• 十九日庚子　佳岩伻歸, 答崔友書, 曉歸. 本倅來訪, 坐語溪社, 移時而去. 三益來, 禿登從兄來宿而去.

• 二十日辛丑　旱災太甚, 民事可悶. 夜, 委登從兄來言, 和之從刈薪仆傷, 蒼黃罔措云, 俄又人來告急.

• 二十一日壬寅　曉往椒井, 見和從四体不能運動, 送人問醫, 少頃而歸. 大雨忽注, 晌聞凶報, 急往視之, 老親孀婦及孤稺, 不忍見, 不忍見. 仍留宿, 夜又大注.

• 二十二日癸卯　朝歸家, 午後, 又往見治棺. 晌大斂, 夕歸家.

• 二十三日甲辰　食後, 又往視喪側, 昨夜已出殯, 山下羣從兄弟, 各出財力, 以明日議赴葬.

• 二十四日乙巳　早食, 往觀葬所于廣靑山麓. 午後歸.

• 二十五日丙午　食後, 發向密陽, 至龍塘前, 朴子儀出見. 仁同族兄·九卿朴丈·朴戚丈·士長氏已發, 至西倉, 皆留待, 秣黃橋, 少憩于松亭店, 到菊橋店, 別二丈與士長氏. 宿勿禁店, 簡黃郵李時應, 尾付七律. 昏, 李友答簡傳喝.

• 二十六日丁未　曉發, 朝飯于鵲院店李風憲所. 午, 憩三江書院, 招見尹　　, 至水山倉, 少歇. 驟雨忽至. 送人問英幹來否于曲江, 來進人方留, 彼答云, 有産憂. 晴後發路, 遇李孟賢, 冒雨, 往濂川安幼韞所, 留宿.

• 二十七日戊申　士長氏往來進, 往見安宅慶方吟病, 留話丰日. 朴漢宝來與穩晤, 與朴友復, 來濂川. 英幹書來, 有劇憂不來, 要我來見.

• 二十八日己酉　與諸長老, 游西湖, 泛小艇, 入蓮池, 荷花十存三, 猶可觀也. 雨勢忽至, 諸丈下船而入. 與漢宝, 拈韻得餘字, 口號七律. 村家, 余獨泛艇, 溯流荷間, 摘蓮實, 擷荷華, 入湖上. 村家安友鱠魚炊稻, 酌濁酒, 頗有風味, 忽見金進士性中帶雨乘舟而來訪. 晌, 別諸老少. (暫)至其家, 暫話. 與朴漢宝, 至來進英幹所, 産後發病, 方蒼黃, 其子婦父孫亦來留. 夜, 來見者, 多不盡錄.

• 二十九日庚戌　與英幹, 說親事, 方以劇憂, 不暇卜日, 念間來謝牢決云. 暫見李戚兄綏安氏與士長氏偕發, 至鈒傭前, 別士張氏, 秣　店, 宿黃山郵軒. 聞增廣判下, 八月十六日, 是初解所, 淸道東堂仁同九月初六日.

【七月 大】

眞兒, 始通五于閏六卄六日.

端兒, 始通十五于七月初十日.

大漢, 始通十一卷于同日.

豆兒, 方讀小學.

• 初一日辛亥　食後發行, 少歇松亭店, 簡高昌遜, 秣黃橋, 至龍塘前, 遇朴子雲兄弟, 暫話歸家, 日已曛. 先入溪舍, 聞郭郞奔祖母喪, 可悼. 夜裁書, 翌曉, 進送一力, 甲山人馬來.

- 初二日壬子　與二權君發行，歷見本倅．少憩池塘店，宿士里族人家，聞李掌令養仲氏喪，可悼．得崔聖浩書．
- 初三日癸丑　早朝發行，二權君歷入九黃龍崔察訪所，余直向甲山，路逢行玉兄弟及諸少年，點心．過定惠寺，李次野·李揆應出見，從嫂氏患候少差，無手足痿痺，飮食勝前日云．踰三峴，至龜尾，伯姻叔終祥在明日．賓客多會，拜上舍，姻叔方沈綂，入拜聘母，借祭文于鄭源二，昏致奠．
- 初四日甲寅　留，疲困不能振．此地頗有旱災．
- 初五日乙卯　食後發，點心于定惠寺，數三友來做．至甲山，宿根姪所，先送末三奴，投書崔聖浩．
- 初六日丙辰　食後，訪沙洞姊氏，卽發，路見姊兄，由兄江上．秣馬古陽店，至汶亭，李望道·李士溫留待育齋店，接日前設行，三權君來見之，他煩不盡記．
- 初七日丁巳　別諸友，歸路訪尹而得，宿李勳甫所，微雨乍止．崔聖浩移拜漆原宰．借甲山人，爲馬僕．
- 初八日戊午　食後，歷拜本倅，留與飮食，又逢萊營裨洪郎廳，暫話．暮歸，得見都目．
- 初九日己未　送灦姪往定，先接于淸道，金子衡來去．此處自初七夜雨，昨日又雨云．歸甲山人．
- 初十日庚申　薦新稻，炎威尙不止，豆漢近讀小學，孫德祖來，明向試所云．
- 十一日辛酉　大熱，率兒曺，午後，出溪舍．(夜)鄭子仲氏來，城村從兄夜來，玉姪來宿．
- 十二日壬戌　生朝，家人略設酒盃，城邨從兄歸．午雨，劉光秀來見而去，廣靑鄭生來．

• 十三日癸亥　終日大注.

• 十四日甲子　送人于來進, 簡李英幹, 豆漢入府, 應照訖講.

• 十五日乙丑　鄭子仲氏歸, 豆兒歸, 金亨權來見而去.

• 十六日丙寅　舜兪兄弟自府歸, 金尙鎔·朴　來去. 午後雨.

• 十七日丁卯　李匡國大逸·崔童來去. 晌雨.

• 十八日戊辰　朝, 人自來進來, 得英幹書, 家憂果差云. 雨注川漲.

• 十九日己巳　又大注.

• 二十日庚午　大注川溢, 近歲初見云.

• 二十一日辛未　晴, 甲山伻來, 天休自金信庵歸.

• 二十二日壬申　聖紀再醮, 定于大陽李奎精妹氏.

• 二十三日癸酉　城村從兄孝吾來, 筆工來宿.

• 二十四日甲戌　旅遊多年, 家居逢今日, 痛泣何言. 元甫族來.

• 二十六日丙子　夜雨乍止, 朝又如之. 仁同族兄自凝川留, 今日始歸, 送人甲山. 仁同族兄便, 又得李英幹書, 盖新於前萊前也.

• 二十七日丁丑　朝, 驟雨乍過. 欲見萊梱, 食後發行, 至機張奇龍里, 拜代祖墓. 午飯, 至左村店, 元甫·康待偕行, 歷唁鄭喪人宜忠於花田, 携宋文豹宿校宮.

• 二十八日戊寅　食後發行, 宋君兄弟隨來, 至城東, 訪申　自淸道來寓, 有宿面, 暫話, 過萊府, 接覈使尹命烈.

• 二十九日己卯　朝雨乍止. 發行, 至臨機, 雨注, 至龍塘, 午飯, 拜從姊氏, 別元甫, 晡而歸. 得黃郵書, 明昌自甲山歸, 方留府, 萊人或有犯科者, 方宿梵魚寺. 夜雨.

• 三十日庚辰　修書本倅.

【八月 小】

- 初一日辛巳　朴開彦·張童·金朔江來去,　江原居徐生來, 頗淸雅, 囊出詩軸示之, 皆嶺中名勝, 所贈者. 夜吟一絶, 翌朝, 書幷序贈之. 昏雨, 豆兒始論六.
- 初二日壬午　梁山松亭禹基寅來見, 得黃山丞書. 本倅答書來.
- 初三日癸未　禹生歸, 性石來, 根若姪以五兩, 買送鹿皮一, 領卄五緡, 又出穀送來, 將貿婚具也.
- 初四日甲申　早食後, 入府邸, 見本倅, 遇萊營洪郎廳, 穩話, 兵相又來, 亦一見之, 請筆吏卞採崙于本官, 冒雨往校中, 見舜兪, 暮而歸. 李英幹到龍塘, 遣人委書, 明蚤將來云.
- 初五日乙酉　朝, 梁山新亭族人李得林, 來見而去. 食後, 英幹友來, 欣喜不可言. 性石曉歸, 解顔伻, 昨來今去.
- 初六日丙戌　休孫發科行, 英幹以輪行恠疾大叫, 移時少間.
- 初七日丁亥　歸來進奴馬, 英幹漸差, 可幸. 自巡營差亐壇獻官. 午, 馳往, 歷唁朴子雲子婦中祥, 到齋所, 翌曉, 罷享後馳歸.
- 初八日戊子　携英幹出游溪舍,　栗林心應族安·趙兩生從科行,　歷見而去. 朴士文·子雲來去.
- 初九日己丑　與英幹議定婚于十一月四日. 車性良涓吉相對書, 給衣樣及涓日, 亦一奇事也.
- 初十日庚寅　英幹早朝發歸, 殊可悵也. 騎去家馬, 觀刈而歸.
- 十一日辛卯　收中稻. 學兼·惠仲赴試.
- 十二日壬辰　聖紀醮日在明, 借馬及冠服. 朝, 微雨卽止.
- 十三日癸巳　聖紀醮行, 余爲繞客, 朴戚丈士長氏來, 偕往大陽, 相對酌酒,觀大禮後, 發歸. 別士長氏于五福洞, 去來進人馬歸, 得英幹書.

• 十四日甲午 貞孫歸, 修書于本倅. 昏, 雲蔽. 貞也誦唐詩曰, 秋雲正何心, 忍翳今夜月. 奇哉.

• 十五日乙未 聖紀自其聘宅歸, 餪物略來, 招邀隣里親戚以破之, 與聖紀及大川族侄往花庵, 拜親塋, 冒雨而歸. 夜大雷雨, 夜, 志慶生子.

• 十六日丙申 本倅答書來, 饋黃肉, 是日晴, 栽甫姪來見. 夜, 夢若在場屋, 賦題, 似是孔子萬世土, 而依俙如七言詩句, 繙閱解題冊, 恰似聯珠詩編類樣, 而不止一二首, 第四句外邊上頭, 皆着不識二字, 賦初句曰, 龜龍尊以鱗介, 廣一普於天下. 其下不記, 可怪.

• 十七日丁酉 昏, 族兄元甫氏, 以先事來. 次本倅同字韻五首.

• 十八日戊戌 眞兒始通六. 元甫氏歸.

• 十九日己亥 聞試題, 其聲大而遠, 疇昔之夢, 固非偶然, 尤可怪也. 夜, 乍雨卽止.

• 二十日庚子 朝, 惠仲自解所歸, 明日, 迎弟嫂, 略設, 供辦冷泉甥郎其祥.

• 二十一日辛丑 送人馬于大陽, 迎新婦, 隣里親族齊會, 李文叔爲上客, 及暮而歸. 新人克賢, 可幸. 甲山人馬來, 將邀去端悅故也.

• 二十二日壬寅 會客皆散, 嚴君平自試所來見而去. 其祥歸, 天休中路得病, 送人馬馱來.

• 二十三日癸卯 瞻拜椒井墳墓, 嚴文彪來見而去.

• 二十四日甲辰 天休病勢不差, 可悶.

• 二十五日乙巳 族孫女孫室, 發于歸行, 以毒感苦痛, 可悶. 玉姪來見, 解榜族親, 親知罕有叅者, 本鄉朴奎寅·金尙鼎, 月城崔子成·李衡遠叅.

• 二十六日丙午 曾祖考諱日，病不能叅祀，可痛．天休病一樣沈劇，悶悶．明日，卽先祠享辰，客煩不盡記．朴士文來見天休而去．貞孫去龍塘．

• 二十七日丁未 食後，出見溪祠，僉長老成花樹契案．

• 二十八日戊申 朴士文又來宿翌去．金尙鼎來見，卄二歲童子而叅初試者．

• 二十九日己酉 午後，甲山奴，自南倉始來，端悅發，可悵．

【九月 大】

• 初一日庚戌 早食後，入府邸，見官坐語，移日，出校中，與舜兪暮歸．

• 初二日辛亥 舜兪發向東堂，付唁書，張注書龍八，相水砧基於溪上金萬岳畓中．

• 初三日壬子 天休病勢少間．

• 初四日癸丑 白蓮岩從祖考忌祀，移行於惠仲家，曉，叅祀．朴奎昌以哭都監，來見而去．簡李英幹，付龍塘轉傳，詠贈本倅歸覲七律一首．

• 初五日甲寅 夜來薄寒，中人朴開彦來去．

• 初六日乙卯 與村民，議造水砧，買砧木于肝谷鄭哥．

• 初七日丙辰 出役丁，伐砧木，運之，重不能致，約以明日更運，裁洛書．

• 初八日丁巳 出觀運木，曳置砧基．金尙鼎來見而去．付賴中去書

• 初九日戊午 重陽，無與打話，可悵．昌原安生云者來宿．

• 初十日己未 安生去，有人過黃山，付書黃山郵，椒井石亭族兄延女婿．晌往見，昏歸之．

• 十一日庚申 以先祠香祝事，將呈官，族員數人與鄕人三員，入府，修書本倅．

• 十二日辛酉　送人龍塘, 借來油衫大練.

• 十三日壬戌　曉, 叅宗宅忌祀, 簡金進士漢權, 本倅答書來, 鄕狀, 得快題.

• 十四日癸亥　食後, 發向月城, 歷見本倅, 明將上洛, 舜兪亦見官, 出坐金龍孫家, 座首出見, 暫話, 曛, 造尹進士所, 宿焉.

• 十五日甲子　過訪寒泉甥女, 至鉤魚店, 朴奎寅·李秉適到, 朴生方赴會, 本倅繼至, 坐話, 至朝驛, 别朴丈, 往普門南進士所, 穩話, 夜深, 南郵哀方留此中.

• 十六日乙丑　食後, 過訪月城尹朴宗京, 以大小科同年, 一見傾倒, 饋以酒肉, 往宿甲山.

• 十七日丙寅　留甲山, 從嫂宿患, 小間而快. 復似無期, 夕雨達夜.

• 十八日丁卯　雨止, 往安康, 徧訪諸親和, 宿李次野所. 豆兒始論七.

• 十九日戊辰　來宿甲山, 文玉自山庵來待.

• 二十日己巳　仍留甲山.

• 二十一日庚午　島村李致遠與朴都事光碩結查, 今日迎婿, 要余來游, 朴友且有雅, 復來穩話. 良洞諸友俱來, 一場團游. 夜, 與朴友聯枕, 安丈琢[道洞]相見於李次野所.

• 二十二日辛未　爲諸友所携, 往玉山書院. 大漢, 始通十三.

• 二十三日壬申　雨終日, 仍留與諸友穩話, 試拈古詩韻, 漆谷李心運, 卽李兄駬祥查親也. 與之同話, 右道都事洪羲浚, 設白場于東都.

• 二十四日癸酉　食後, 與諸友復到島村, 小話而別. 遇鄭兄偕來甲山, 留宿, 來聞李碩士錫基廿二日, 來訪於從姪所云.

• 二十五日甲戌　與允之偕發, 至南山前, 馬上分手, 訪李友鼎濟及李仲亮, 宿李致弘所.

• 二十六日乙亥　發, 未一里, 雨下, 投良洞李伯心所, 李漢宝及望道兄弟士溫,俱來話.

- 二十七日丙子　大雨水漲，午後小止，來宿甲山.
- 二十八日丁丑　大川漲溢，不能歸.
- 二十九日戊寅　仍留，文玉·文五自都會試中歸，俱見白場俱中云.
- 三十日己卯　食後，發行廣洲，水漲菫得涉川，宿南山任戚仲約氏所，李錫基想到良洞，投書訊之.

【十月 大】

- 初一日庚辰　宿佳岩崔景至所，穉玉來話仍甫.
- 初二日辛巳　微雨發行，或雨或止，行事間關，秣廣店，過入九藪張座首所.
- 初三日壬午　雨止馳歸，玉姪來，天休快差.
- 初四日癸未　高祖妣忌辰，曉頭，行祀事.
- 初五日甲申　往觀水砧，未及竣事，而猶堪舂粟.
- 初六日乙酉　發向東萊，至五福前，李錫基自東都過訪，與之還家，叅四書都會榜，金尙鼎在泮，致書.
- 初七日丙戌　早，與李生偕發，歷訪龍塘，士長氏卽地殺牛，設小酌，穩話. 午後，往宿黃橋店.
- 初八日丁亥　蚤朝發行，行至立店，別李生，抵東萊府，日未午，留旅店，招來李光國，與之同話，訪尹主簿得莘，出往水營，欲見水使，門阻不得入，夜，與李光國同宿.
- 初九日戊子　朝，尹主簿來見，過訪趙生宗恒，貿來婚具數件，歸路，訪崔光斗，來宿長興墓下.

- 初十日己丑　歷訪龍塘，還家，暫歇西倉，倉監色出見.
- 十一日庚寅　灝姪親事，定于機張鄭宜忠弟家，今日送婚使.
- 十二日辛卯　灝也醮行，余爲繞客，暫歇南倉，倉監色出見，秣馬乾川店，到花田，少歇于宋文澤所，行禮後，來見者，煩不盡記，夜，與主人哀穩話.
- 十三日壬辰　入見新人，發歸，秣馬于南倉，金座首來見，城村從兄亦來訪，歸家，解顔姪阿今午解身，擧男子. 冊匠來.
- 十四日癸巳　灝姪歸，夜與諸族破餪物，冊匠塗木籠.
- 十五日甲午　明日卽鳴村從叔終祥，余以産憂不能叅. 晌往見，夜歸. 劉文赫來宿，翌去，冊匠歸之.
- 十六日乙未　往觀水砧役，光甫族來. 製婚書.
- 十七日丙申　惠仲從，監半分于花庵.
- 十八日丁酉　往叅大陽墓祀，明汝族來宿.
- 十九日戊戌　出觀水砧.
- 二十日己亥　往叅蓮沓墓祀，歸路，瞻拜笠洞先隴.
- 二十一日庚子　朴子雲·金亨權來見而去.
- 二十二日辛丑　往叅舞洞墓祀，歸路瞻拜鵲洞先隴，西岳李生員來宿.
- 二十三日壬寅　聞月城朴春東叅監會，餘皆敗歸云，可歎.
- 二十四日癸卯　日氣溫和，權英玉來，惠仲歸.
- 二十五日甲辰　辰時，三加豆兒，親戚隣里團會，設酒肴，以永今夕. 晌俱散歸，劉文赫來宿.
- 二十六日乙巳　出觀水砧，畧設酒肴，以勞洞民，金尙鼎來見而去.
- 二十七日丙午　機張禮林金　來宿.
- 二十八日丁未　徐　臣，來見而去，卽秃登從兄女壻也. 冊匠·皮工來.

• 二十九日戊申　朝封玄纁, 皮工造大練, 冊匠粧木籠.

• 三十日己酉　安花庵設房會, 往拜先壟, 管檢錢穀, 曛而歸. 昏, 遣婚書使, 書使時山, 時年八十二, 亦一奇事也. 出宿溪上店舍, 明早發去.

〖十一月 大〗

• 初一日庚戌　朝, 因婚使便, 簡英幹. 皮工·冊匠畢役而罷.

• 初二日辛亥　朝, 薦豆粥於廟, 率豆兒發醮行, 少憩西倉, 玉姪將往其箕山金妹家, 與偕, 朴子雲亦同行, 秣黃橋, 宿梁山松亭, 子雲入宿林座首所.

• 初三日壬子　曉發, 林座首從子雲來見, 歷訪黃山郵, 方發鄉行, 驛隷金時哲登庭試, 武科呼新, 至新店族人所, 秣馬, 遇黃郵於鵲院, 暫話, 孫瀓龍來見, 宿密陽府南門外, 子雲·玉姪未及龜倉而分路, 入箕山.

• 初四日癸丑　曉, 黃郵早發傳喝, 早食後, 貰馬駄新郎, 疾馳, 抵來進綏安戚兄所, 日才巳, 諸親知來話, 英幹父子來見. 夕行醮禮, 諸友戲劇而罷.

• 初五日甲寅　留, 午後見新婦, 端雅溫順, 使進一酌, 今日始得爲人舅, 而如是賢哲, 喜不可言.

• 初六日乙卯　蚤朝, 新婦出見, 又獻一酌, 晩食後, 又入見新婦, 又進一酌, 愛而不忍發. 是日, 宿印轉店, 眞漢, 通七始.

• 初七日丙辰　曉發, 未及無屹峴, 遇龍塘倅, 俄子儀丁內艱云. 朝飯于新店族人所, 李宜春叔姪出見, 過黃山. 又呼新金先達, 至凡魚,風忽大起，豆也瓢草笠．宿松亭子店，是日稍寒．

• 初八日丁巳　曉寒，遲明發行，少憩黃橋，至西倉，先送豆兒坐倉邸，朴奎昌來見，抵家，日已酉．郭希顔昨來，昏，城村從兄鄭戚龍甲來．

• 初九日戊午　來進伻二人留，隣里親戚知舊來會，破餪物．晚朝，薦餪饌于廟，冊匠來，曉往參五代祖妣忌祭．

• 初十日己未　送伻來進，二伻偕歸，食後，率豆兒，往拜花庵先壟，權英玉·學兼·惠仲與偕，夕飯後，帶月而歸．龍塘魯應氏來．

• 十一日庚申　往唁龍塘朴士長氏，暮歸．英玉·豆兒亦往還龍塘，萊營李禆將喆延來宿．

• 十二日辛酉　李禆將歸．

• 十三日壬戌　朴民昊，來見而去．

• 十四日癸亥　孫石自來進歸，得英幹書，城村從兄來去，大陽李生來去．

• 十五日甲子　寒，看節酌通編．

• 十六日乙丑　天休往龍塘，將移居于彼故也．夜，和晚翁釣坮韻[萊津李丈持國氏也]．

• 十七日丙寅　寒，及大雲封山首尾，數十餘日，延燒無餘，向者，李禆將之來，盖由此也．

• 十八日丁卯　寒氣稍減，聖紀自冷泉歸，朴子雲來去．

• 十九日戊辰　日氣稍解．

• 二十日己巳　午，微雨浥塵而止．道叔氏來去，本倅昨日還府云，金亨權，來見而去．

• 二十一日庚午　淸．

• 二十二日辛未　招來車性良，議吉日，盖明年，將迎長婦故也．

• 二十三日壬申　稍暖，劉文赫來見而去．

• 二十四日癸酉　眞兒, 近以眼疾苦痛, 可悶. 鵲洞金光遠·朴　·李　來, 以卅緡買三十九歲婢於李生, 天休自龍塘來.

• 二十五日甲戌　大漢, 始通十三.　族人八應及長遠弟, 來宿. 晌雨達夜.

• 二十六日乙亥　本倅自萊營過五卜洞, 食後, 往候店舍, 坐話, 移日, 天休往龍塘.

• 二十七日丙子　雲陰, 龍甘崔生來宿, 盖以九斗落畓半分故也.

• 二十八日丁丑　李震太, 來議建花菴齋舍, 得崔鄭仁簡書.

• 二十九日戊寅　夜大風, 終日寒甚, 梵魚寺僧, 忘其名, 來見, 贈一蓂.

• 三十日己卯　豆兒畢論七. 食後入府, 路遇金子衡, 直入東閣, 穩話, 舜兪亦入見, 暮出, 宿校中, 重試定于來年. 三月初十日, 是日, 日氣稍和. 鵲洞婢事, 婢來退還, 納價銅十緡.

【十二月 小】

• 初一日庚辰　豆兒, 更讀曾点章. 食後, 又見本倅, 午出來, 遇徐潤汝於沙灘店, 穩話, 歸家, 日已西矣. 借李叅奉集于本倅.

• 初二日辛巳　雲陰, 忠汝族, 來見而去. 城村從兄及玉姪來宿.

• 初三日壬午　食後往龍塘, 見朴戚士長氏妻葬斬祀. 去時, 歷見禿登從兄從姪女于歸茶田, 暮歸.

• 初四日癸未　極寒, 元甫族來宿. 朔男自龍甘東海等地歸, 得崔鄭書.

• 初五日甲申　豆兒, 更讀鄕黨篇, 裁甲山書.

• 初六日乙酉　來進伻, 期以今月初必送, 至今寂然, 可怪.

• 初七日丙戌　晩食後, 發向密陽, 歷訪龍塘, 宿棆谷孫成汝所, 夜, 諸族團話，家伻夕至，聞龜尾姻客來，要我相見.

• 初八日丁亥　早朝發歸，鄭允之從兄弟及有遂三從兄弟，昨來，留話.

• 初九日戊子　携五客及舜兪·惠仲往花庵，偶有黃肉濁酒，夜與穩話.

• 初十日己丑　僉友將觀江海，舜兪與之偕往，海上松下分手，殊可悵也. 與惠仲歸.

• 十一日庚寅　自曉至巳，微雪.

• 十二日辛卯　萊津伻至.

• 十三日壬辰　早朝，發向萊津，秣黃橋. 歷訪黃山郵，宿新店. 馬僕借校奴宗伊.

• 十四日癸巳　曉頭發行，秣印轉店，未及萊津十餘里，先送豆兒，歷訪綏安戚兄. 晡抵查家，新婦出見，喜不可言.

• 十五日甲午　仍留，來見之人，不可盡記.

• 十六日乙未　詠七律二首. 是日立春，携諸友往昌星齋，老少咸集，漆谷李鋗以新見來，與之穩游.

• 十七日丙申　來留查家.

• 十八日丁酉　發向僧伐竹院，歷唁李哀晦汝，往宿孫再吉所，卽再從妹家.

• 十九日戊戌　李進士鋗來見，歷唁孫哀鍾胤，訪竹東孫進士有魯氏，從兄弟來宿. 來進查家，歷路，覽嶺南樓.

• 二十日己亥　留查家，與查頓，易子講書，出韻試才.

• 二十一日庚子　諸老少來見新婦，不時出見，愛而欲狂，況容止非凡者乎.

• 二十二日辛丑　將發向渭陽，雨忽下注，仍留不發，與僉友穩話.

• 二十三日壬寅　午，雨勢稍止，別新婦，悵不可言. 率豆兒，宿鈒浦安良彦所.

• 二十四日癸卯　晩食後，發行，秣新店，宿黃山郵，李進士鋗亦來，洪裨將愚燮亡禾，同宿.

• 二十五日甲辰　早食後, 發行, 秣黃橋檢店, 先送豆兒, 暫憩西倉, 歸家, 日已西矣.

• 二十六日乙巳　曾祖妣諱日在明, 種丑來宿.

• 二十七日丙午　曉頭叅祀, 歸來進倅.

• 二十八日丁未　(歸率) 筆契, 設煖爐會.

• 二十九日戊申　雪, 舜兪入校中, 修書本倅, 豆兒以毒感大痛.

竹塢日記

1808
순조 8, 戊辰

【正月 小】

• 初一日戊戌　曉風, 朝後淸明. 朝, 往見講堂諸丈, 午後, 往拜花庵先塋, 夜又往講堂, 暫話而歸. 衆賓或歸或留.

• 初二日己亥　衆賓皆歸, 余亦往拜椒井先壠, 訪各家而歸. 朝紙得覽, 來見之人煩不盡錄.

• 初三日庚子　長子婦有産氣. 崔濟亨來宿, 嚴君平謄來世說二冊.

• 初四日辛丑　鷄三鳴, 子婦生男, 骨格非凡, 産後亦安, 喜不可言. 因黃山便, 付書於查家, 南山任戚楷來宿, 卽朴子雲壻也. 祿姪族弟福日來宿, 訊占得大有之离.

• 初五日壬寅　池塘從兄過訪, 是日雲陰, 去秋不甚登稔, 而穀賤比前太甚, 可怪.

• 初六日癸卯　新得孫, 名之曰特快, 產婦亦無病, 可幸. 甲山權安汝見訪, 欣倒欣倒.

• 初七日甲辰　安汝留與穩話, 夜稍寒, 得黃山書.

• 初八日乙巳　安汝往龍塘, 暮還. 昏, 移宿溪堂, 老少齊會, 明日將爲迎春之游, 余夜深而歸. 鷗亭李氏以丘木事, 借官力捉去村民云.

• 初九日丙午　蚤朝, 往溪堂, 經立春時歸家, 安汝繼至. 朝飯後, 又往溪堂, 穩話而歸. 是日陰慘.

• 初十日丁未　安汝歸, 可悵. 安溪李孟堅來留舜兪所, 往見, 龍塘朴丈魯應氏來見而去, 金亨權見訪, 眞兒始小學五卷, 夜雨翌止.

• 十一日戊申　坔村金童叔姪來讀, 仁姪來宿, 徐光佑來宿. 月城族童見訪. 臘晦行都政, 政目自官出, 別無可觀.

• 十二日己酉　寒. 夜考講冠童.

• 十三日庚戌　寒甚, 徐達夫來宿.

• 十四日辛亥　彦陽金生[卽章垕仲子]過訪. 是日, 寒氣稍減.

• 十五日壬子　往花庵, 坐竹塢, 移時歸. 金剛山硯凍破, 可惜. 夜微雪.

• 十六日癸丑　朝, 得黃山丞書及來進查家答札.

• 十七日甲寅　虎尾將軍來宿.

• 十八日乙卯　族姪季能, 迎婦于機張花田鄭氏, 金樂亨繞來, 留宿草堂, 夜發病, 曉暫可. 仁姪來讀, 始詩初.

• 十九日丙辰　風, 往見族家新人.

• 二十日丁巳　風寒飮酒, 病脾, 終日委頓, 晡雪洒. 一聲雷忽震于西, 甚異事也. 或云地震.

• 二十一日戊午　村民祭社, 來饋酒肉. 放婢舜梅. 得萊津查家書.

• 二十二日己未　往唁椒井族叔母小祥, 與徐潤汝來宿, 夜穩話. 朝後, 來進伻來，得査家書，酒肴來.

• 二十三日庚申　朝，萊府趙恒鎭見訪.

• 二十四日辛酉　頗有春意，來進伻歸. 族兄溫秉氏及朴東秀·金朔江見訪見訪.

• 二十五日壬戌　發向月城，歷訪本倅，投宿尹龍見所.

• 二十六日癸亥　與尹龍見·朴士雍歷訪，朴哀士元又訪，朴奎燦不遇，暫訪寒泉族兄，投宿院洞李上舍仲謙所.

• 二十七日甲子　與李仲謙發行，路遇尹宗範·崔察訪仁簡暫話. 至月城下，別仲謙. 少憩於廣洲店，宿甲山權安汝所.

• 二十八日乙丑　發向龜尾，歷憩定惠寺. 李丈周應氏及其諸族適會，暫唔，踰峴. 哺，抵鄭和之所，唁之. 抵氷家妻母，經風症，姑未快健. 夜，與諸友穩話.

• 二十九日丙寅　食後，與鄭裕宝偕發. 卽姻從姪而再行於李士玉家也. 又訪定惠諸丈老，午飯於玉院，至山臺. 路上別鄭君，又宿權安汝所，李次野·孫晦汝·李季實來. 待以翰契物. 市蟹沽酒，夜與穩游，是夜，微雪且雨，大雷電.

〖二月 大〗

• 初一日丁卯　訪李哀士溫，留置行具. 暫訪沙洞姊家，聞姊兄自外來，住李仲亮九卿里寓所，歷訪鄭君裕宝，妻家隔籬，招見之，宿良洞士溫所，李漢宝·望道·鄭深夫·李晦而[善山]同宿.

• 初二日戊辰　又訪安汝. 午飯卽發，至士方，路上逢李仲謙，到府東相別，宿任戚仲約氏所[南山].

• 初三日己巳　歷訪寒泉，又宿尹龍見所．李元順[勿峯]·權[商州]適到，夜與穩話．

• 初四日庚午　路逢朴聖七及族君[性若]，暫話，暮歸．孫再吉初一日不淑云，慘矣慘矣．

• 初五日辛未　朝，得黃山書及古詩，和章朴文昌見訪．金童厚時次得自其家來，告歸．再從弟有甫來宿，禿登從兄·磬池從兄亦來宿．

• 初六日壬申　祖妣郭氏忌辰，特快能咳笑，可愛，但乳道不足，可欠．

• 初七日癸酉　風，金景鐄來見．新里朴生二人來見而去．夜雨浥塵，時暹自外得染疾而來，逐送得疾處．

• 初八日甲戌　出野視之，耕者徧野，麥色亦青．

• 初九日乙亥　考校新謄世說．朴士文過訪，甲山伻來，得權安汝及文玉·根姪書．

• 初十日丙子　寒，姊兄安溪李仲堅來，禿登從兄來．

• 十一日丁丑　先妣忌辰，痛泣．天休營行妻葬，是日，風而寒．

• 十二日戊寅　自昨夜大風，晌少止．

• 十三日己卯　與仲堅及學兼往花菴．市魚，供午飯，展墓而歸．

• 十四日庚辰　早食後，仲堅歸，甚悵．

• 十五日辛巳　出野視之，春氣漸煗，聞金井山築城．

• 十六日壬午　朴霦來宿，仁也歸．

• 十七日癸未　金光墩來宿．

• 十八日甲申　食後，往花庵留宿，繙閱書冊．

• 十九日乙酉　歸，金戚仲溫氏·安從萊伯氏·磬池從兄來見，仁也來．

• 二十日丙戌　早食後，入府見本倅，移時出坐本面主人所，朴文昌來見，(城村從兄來宿）暮歸．城郇從兄來宿．

- 二十一日丁亥　溪祠享祀，食後，出見鄕人及族人齊會，或歸或留．花樹契設會，僉議不同，皆言罷之可云．眞兒畢小學五，更讀四卷．鄭龍甲來宿．
- 二十二日戊子　罷花樹契，以牛酒爲樂而罷．嚴錫憲及其族冠童來，錫也留．風亂終日．
- 二十三日己丑　風亂終日．野火，燒却西麓，延及積草，外廣鄭別監來見而去．得黃山書．
- 二十四日庚寅　時暹妻與女又痛，逐送其父家，使之移寓他處，夜又風．
- 二十五日辛卯　往花庵，觀運瓦．雨不克役，晡歸．過客二人，一不能用一邊手足，一兩手不能用．以足代手，能拘匕而飯，把筆而寫．又能刻字作牌云．
- 二十六日壬辰　微雨，夜又風，看農書．考講眞兒小學．
- 二十七日癸巳　季嫂忌日．曉雪積，乍雨乍雪，終日不止．
- 二十八日甲午　乍晴陰霏．來進李文先來宿，又得黃山書．
- 二十九日乙未　午雨，達夜不止．眞兒畢誦小學全帙．(始讀大學，以毒感委頓)
- 三十日丙申　終日雨，繼以霰雪．秫陵族人八應弟來宿．眞兒始大學，以毒感委頓，繙閱八大家柳文．

【三月 大】

- 初一日丁酉　乍晴，椒井西面從叔母宿患沈謵，往候病勢革矣，晡歸．子夜果不淑．
- 初二日戊戌　曉，訃音至．朝，送人馬于甲山，寄各處訃紙．食後，往哭椒井, 夕歸. 族兄堯甫氏·族人聖若來宿.

- 初三日己亥　自夜又雨, 又得黃山書.
- 初四日庚子　又往喪家, 見入棺而歸. 八應族·聲池從兄來宿.
- 初五日辛丑　往㮇椒井成服而歸. 朴開彦·張弁·族君潤伯·崔濟亨來, 聞花庵僧性文痛癘, 馳往不見來. 書籍崔濟亨及金生來留, 竹塢亦欲避歸. 昏, 査兄來.
- 初六日壬寅　留與査兄穩話, 稍慰孤寂.
- 初七日癸卯　曉雨乍. 鄭和之來, 卜萬自甲山還.
- 初八日甲辰　陰霏. 仁同族兄自初五夜得疾, 似是時氣.
- 初九日乙巳　鄭和之歸. 夜微雨. 花事政闌, 而孤負良辰, 可歎.
- 初十日丙午　仁同族兄病勢漸歇云, 可悶.
- 十一日丁未　大雨終日, 川渠漲溢.
- 十二日戊申　乍雨乍止, 日與査兄穩唔, 稍慰孤寂.
- 十三日己酉　陰霏或雨, 午後乍暘.
- 十四日庚戌　乍陽. 聲池從兄來, 仁同族兄病勢少減云, 可幸. 午後, 與査兄携一童陟西麓, 觀水尋花. 花事差晩, 可歎.
- 十五日辛亥　査兄歸, 余亦偕發, 過唁龍堂朴子儀. 盖士長氏初祥在再明. 査兄爲尋拙庵. 文蹟要余, 偕往機張坪田金致坤所, 止宿, 文蹟亦不得見.
- 十六日壬子　早食後, 發行, 行七里許, 至末亭邨後, 別査兄, 殊可悵也. 又訪龍塘, 歷見椒井族兄而歸. 障川寺僧持崔景至書來宿. 崔友結白蓮社, 倣惠遠廬山故事. 同人八員, 詩僧一人同事, 要余爲約中人, 方結社請助. 且求六偉文, 余將北居, 與之同社, 先以二緡助之, 社在玉蓮菴, 障川寺東盤龜, 相距十里.

• 十七日癸丑　微雨. 裁送崔景至謝書.

• 十八日甲寅　晴. 夕, 借邨民運瓦. 族人八應來宿, 水操以時氣, 軍丁多髝云.

• 十九日乙卯　聲池從兄來此入府, 性根自密陽歸, 得査兄書.

• 二十日丙辰　惠從自朝大痛, 症似可疑, 悶悶.

• 二十一日丁巳　自曉又雨. 木手治行廊, 修繕材, 惠仲一向苦痛.

• 二十二日戊午　雨勢不止, (時或微雨) 川渠大漲. 遮西籬以防隣癘. 覽世說, 好得來留.

• 二十三日己未　乍晴. 聲池從兄自校中來宿, 仁也歸, 以癘故也.

• 二十四日庚申　有甫從來宿. 豆兒往龍塘, 暮歸. 眞兒畢大學.

• 二十五日辛酉　又雨, 晡少止. 眞兒讀陽節潘氏.

• 二十六日壬戌　乍晴. 送豆兒于龍塘書齋, 有甫歸, 族人栽甫來宿.

• 二十七日癸亥　惠仲去. 夜退熱, 可幸.

• 二十八日甲子　村人祭社逐癘, 製祭文.

• 二十九日乙丑　自昨夜微雨, 至晡少止. 後邨頗有傳染者云.

• 三十日丙寅　午後又雨, 禿登從兄來見而去.

〖四月 小〗

• 初一日丁卯　晴, 禿登從兄來宿, 豆兒自龍塘書齋歸, 霜如冬.

• 初二日戊辰　豆兒去, 龍塘族兄堯甫氏來見, 得萊津書.

• 初三日己巳　午後往花庵, 分給房穀, 暮歸. 得甲山書.

• 初四日庚午　往龍塘書齋, 歷路訪塘邨金院長, 龍塘朴張二丈先到, 與之偕上書齋. 冠童稍會, 其餘來者, 煩不能記. 考賦古風課劵, 略有酒肴, 暮, 率豆兒歸.

- 初五日辛未　秃登從兄來宿.
- 初六日壬申　聲池從兄來宿, 校典谷李奉臣亦來宿. (眞兒讀大學, 讀陽節潘氏)
- 初七日癸酉　發向月城, 主倅棄官將歸, 歷訪朴士元, 已外除, 過唁之, 投宿寒泉.
- 初八日甲戌　午, 秣童方谷店, 抵甲山, 路聞權道而喪耦, 安汝戚·根若姪俱寓竹村, 直抵其處, 留宿. 以樂契物備狗酒, 打話.
- 初九日乙亥　雨, 留話.
- 初十日丙子　乍晴. 發行, 至排盤路上, 性根急來, 聞豆兒痛已四日, 症甚大端, 心骨俱冷. 馬僕[名昌]且痛, 疾馳獨行, 至茶山前, 日欲落. 徐潤汝知余過此出邀, 挽宿於其寓舍, 以前路梗水故也.
- 十一日丁丑　早朝疾馳, 名昌病不能隨行, 使之落後. 抵家, 日已平朝矣. 入見豆兒, 不甚大端, 日暮, 出鼻血, 久而不止. 飮醬水, 氣塞, 驚遑罔措, 昏始出汗, 喜不可言.
- 十二日戊寅　吾內外曉頭, 自草堂來寓溪祠. 李厚時家子婦及姪女二兒昨夜先來, 余留齋舍, 聲池從兄來見而去.
- 十三日己卯　微雨, 豆兒生病, 盖失攝故也. 花庵一僧又痛云, 强使金德海讀經, 大漢·好得亦來留齋舍.
- 十四日庚辰　終日微雨, 得朴子雲書, 豆兒漸差云, 可喜.
- 十五日辛巳　晴, 椒井再從宅, 營行葬禮於明日午後, 往見而歸.
- 十六日壬午　食後, 往見椒井葬所, 見返魂祭而歸. 豆兒漸次甦健, 可喜. 名昌謂是疑疾, 今已快甦云.
- 十七日癸未　得黃山書, 內眷移寓于庫直家西房. (我行) 眞兒近讀古文.

• 十八日甲申　我行其野，野多青麥．夜雨．

• 十九日乙酉　晴，始折草．

• 二十日丙戌　豆兒自昨得病，極用驚慮．

• 二十一日丁亥　午，入見豆兒，不甚大端，稍可爲慰，昏又入見．崔濟亨來見而去，始折草．

• 二十二日戊子　豆兒要見其母，入見而來，余又如之，頭痛身熱稍止，似已降熱，可幸．得來進查兄家，性右末男以癘不起．

• 二十三日己丑　豆兒病勢無減，悶悶，余入家留護，內子亦入見．東萊山城之役，本邑附近面，赴一日役．

• 二十四日庚寅　豆兒病似添劇，卜云木崇治方，後出寓李元己家．夜，症情漸歇，子夜出汗，其時蒼黃不可形言，過宗後，元氣太損，可悶．高祖考諱辰，以癘不得行，可歎．解顔姪壻家伻來到．

• 二十五日辛卯　豆兒雖萎薾，而病根快祛，可喜．自午後不入其房，可悵．伯嫂忌辰，朝又入見豆兒．

• 二十六日壬辰　豆兒漸次向甦，可喜．

• 二十七日癸巳　伯兄忌辰，追念癸丑之事，不勝哽塞．出觀麥畦漁磯，得黃山書．

• 二十八日甲午　出栗林，向風開襟，逢人坐話．

• 二十九日乙未　自昨昏雨．豆兒還入草堂．

【五月 大】

• 初一日丙申　微雨，午乍晴．檢納花庵房錢．堯甫氏長源來見而去．眞兒讀古詩．

•初二日丁酉　拜宗宅族兄，病後筋力無異平日．夜，夢與李際可團話．

•初三日戊戌　豆兒又有病，漸極爲驚慮．好德還入其家．

•初四日己亥　曉，入見豆兒，不甚大端，而尙未快甦，悶．是日，數次入見，似是勞瘵餘症．

•初五日庚子　曉，又入豆兒，比昨無加減，惠仲數日來護，自晡至夕，二次出汗，熱氣始止，但元氣太減云．

•初六日辛丑　宗宅族兄來見．是日，卽此族兄晬辰，略有酒肴，要余來游，得崔叅判獻重書．

•初七日壬寅　風乎栗林，觀水砧．

•初八日癸卯　自夜雨曛乍止，前溪微漲．

•初九日甲辰　豆兒漸次向甦云，可幸．揭節字於座右，盖有微意，聊以自警云爾．始移秧．(得來進查家書，饋以酒肴)

•初十日乙巳　得來進查家書，饋以酒肴，盖瓦講堂大門．

•十一日丙午　自昨夜，驟雨大雷電，曉止，前溪漲溢黃流．得龍塘書齋書徒書，宋觀洙方留做云．

•十二日丁未　本府吏持外東軒上樑文來，請重修六偉文．得黃山書，贈以圓扇一柄，石塘冠童二人來考課劵而去．得尹宗範兄弟書．

•十三日戊申　製梣岸堂六偉文，來進伻歸，族人志昌朴開彦·孫鍾嶽來見而去，孫德祚亦來見．昨夜忽地大風，震動南邊，槐南枝一條摧，且驟雨可一鉏卽止．

•十四日己酉　校伻來，裁付尹宗範謝書．府伻見到，製送梣岸堂上樑文．

•十五日庚戌　黃山郵要余製釜山客舍上樑文，未知事蹟而辭不得，姑於心上凝思而已．晡，往觀椒井坪移秧，內子入見本家而來．

•十六日辛亥　朝又得黃山書，贈以騾鞍，製釜山客館六偉文，肝谷驛民以癘死亡，至於四十餘人云.

• 十七日壬子　製付黃山書於肝谷驛便，亦送六偉文.

• 十八日癸丑　繙閱事文類聚，抄出可觀文字，使大漢謄出.

• 十九日甲寅　雲陰，近以看字，消磨長日.

• 二十日乙卯　又得黃山書，昨日已發覲行，待我不來，頗有誚意. 豆兒出行野外，見其形皃，漸向甦健，可喜. 晡微雨.

• 二十一日丙辰　微雨乍晹.（朴丈魯應氏及其姪子雲·子儀·族人皞秉來見，盖天休家終祥在再明故也. 豆兒來此. 晡，雨点時下）

• 二十二日丁巳　朴丈魯應氏子雲·子儀及余族人皞秉來，盖唁天休故也. 供午飯而去，豆兒來此. 晡，雨点時下.

• 二十三日戊午　自夜雨，終日不止.

• 二十四日己未　乍雨乍晴，族侄栽甫·金君三益來唁，天休內眷撤寓，余與大·眞二兒，因留溪社，但食於家.

• 二十五日庚申　往花庵，省親塋，坐竹塢，移時而歸. 崔濟亨及二冠童來考課軸而去. 安從兄萊伯氏見訪.

• 二十六日辛酉　在家，觀打麥.後郚西邊連有傳染云.

• 二十七日壬戌　觀刈麥. 午後雨，達夜如注，冒雨出宿于溪社.

• 二十八日癸亥　朝入家，午後又出溪社. 雨終日不止，溪水大漲.

• 二十九日甲子　乍晴.

• 三十日乙丑　磬池從兄見訪.

【閏五月 小】

- 初一日丙寅　豆漢始綴文，大·眞兩兒亦學古風，張弁昭夢見訪.
- 初二日丁卯　觀打麥，留宿草堂，夜雨.
- 初三日戊辰　乍雨乍止，晌出溪社，聞花庵僧俗二人染痛云.
- 初四日己巳　豆兒往花庵，搜來書冊.
- 初五日庚午　岱如壽契，略設酒肴，奉邀仁同族兄，盖以晬辰在五月六日，而今年順經大疾，將以明日退行慶宴，故以此預慰之耳.
- 初六日辛未　宗宅設酒肴，來會者不能盡記．宋觀洙及潤伯開彦亦來，余及城邨從兄堯夫氏五人出宿溪社．是日，微雨乍止.
- 初七日壬申　微雨乍止.
- 初八日癸酉　張秀才昭夢·族弟福日見訪.
- 初九日甲戌　雨點微下，明端婢巳時擧男.
- 初十日乙亥　崔濟亨弟及申童應奎持課軸，來見而去.
- 十一日丙子　鄭綏權見訪，雨点時下，送伻甲山.
- 十二日丁丑　午後雨注，大雷以電，至曉乍止.
- 十三日戊寅　終日，乍雨乍止.
- 十四日己卯　乍雨卽止，鄭龍甲朝來，食後往龍塘，朴丈出寓亏壇，歷候鶴齋，書徒持課軸來，分隊較藝考出，仍往鶴齋，廣靑金生辦備酒肴，少長咸集，宋生詞賦極有可觀，送騾子率來豆兒，俾觀課劵.（朴霂·金載鎭·鄭綏權·安履行及嚴生及安景億率其書徒來.[朴霂以下事，卽明日事也]）
- 十五日庚辰　出題試冠童，暮歸．是日，乍雨乍止.
- 十六日辛巳　崔濟亨及其妹兄[居梁山云]來見，嚴文彪來宿．朝，出送三題于鶴齋. 甲山伻歸. 聞崔溙原心健不淑, 慘矣.

• 十七日壬午　嚴文彪往龍塘. 是日, 乍雨卽止, 近日, 乙風連吹.

• 十八日癸未　福日·孫翰汝持課軸來考. 得也·嚴文彪來宿溪社云.

• 十九日甲申　豆也自龍塘歸. 崔濟亨過訪, 繡衣出梁山東萊云.

• 二十日乙酉　與學兼往龍塘, 見宋碩士觀洙, 約以今晦移接于溪社, 暮歸.

• 二十一日丙戌　太熱. 聞宜春伻弁歸云, 以繡衣故也.

• 二十二日丁亥　特快自昨微痛, 可悶.

• 二十三日戊子　自曉雨. 特也少差.

• 二十四日己丑　微雨. 豆兒與得也往龍塘書齋. 魚網成.

• 二十五日庚寅　朴哀子儀過訪. 驟雨自午, 至夕乍止.

• 二十六日辛卯　又雨, 龍塘書齋冠童二人來考課軸, 得與豆兒歸.

• 二十七日壬辰　又雨, 觀類聚.

• 二十八日癸巳　修繕溪社, 將供接書徒於此, 聲池從兄來, 豆兒往花庵, 不見來書籍.

• 二十九日甲午　聲池從兄入校中, 有甫從及其婿金生來訪, 宋觀洙潤伯及其書徒十餘人來留溪社, 設廚於齋舍, 使天休婢松月, 供書徒. 是夜, 略設酒肴, 侑冠童.

【六月　大】

• 初一日乙未　乍雨, 出溪社, 出題試書徒, 分大小接. 大·眞二兒學賦.

• 初二日丙申　晴, 出觀書社.

• 初三日丁酉　書徒聞萊府白場, 一接俱往. 是日太熱, 曺生[卽宋生婿]及宋生季子來言，萊白又是虛聲，因追往宋生.

• 初四日戊戌　極熱，豆兒罷東萊之行，與同隊偕歸．宋生率其子歸其家，有所幹故也．是日，使製一首，小接分曺較藝.

• 初五日己亥　聖紀晬日，略設酒肴.

• 初六日庚子　堯甫氏來宿，彦陽姜生·兪生來做溪社.

• 初七日辛丑　曺生自數日前得病，午後，以牛轎治送于宋碩士所.

• 初八日壬寅　曺生之父，持烏魚來，卽向其子所留處.

• 初九日癸卯　極熱.

• 初十日甲辰　午後，驟雨乍過.

• 十一日乙巳　朝，宋生率其少子而來.

• 十二日丙午　潤伯歸，金亨權見訪，朴東秀來宿.

• 十三日丁未　日熱太甚，聲池從兄來宿，終日坐溪社，帶月而歸.

• 十四日戊申　聲池從兄入校中，是日雲陰.

• 十五日己酉　金院長仲溫氏·朴子雲來，堯甫氏來，筆工趙生來留，因使造筆.

• 十六日庚戌　溪社設酒肉，分曺試書徒，使之戰藝於栗林，金院長·朴子雲歸．是日，微雨乍過.

• 十七日辛亥　似有凉氣，近日，東風連吹，旱氣太甚.

• 十八日壬子　覽八大家.

• 十九日癸丑　時有雨點，尙不浥輕塵，農家望望惜乾.

• 二十日甲寅　旱甚苗枯，可悶．潤伯(門)宋碩士與冠童十人較藝，是日勝.

• 二十一日乙卯　冠童較才又負.

• 二十二日丙辰　冠童勝，頗有可觀.

• 二十三日丁巳　止淵南丈見訪．考書徒課券，時有雨点，得李際可兄弟書，自尹而得所來宋　，卽宋碩士族姪也，亦能文.

- 二十四日戊午　南丈出題試冠童，宗兄主來話．得尹進士書，
- 二十五日己未　止淵丈留唔數日，足慰孤寂．宋生歸．
- 二十六日庚申　畧設酒肴，以侑書徒．
- 二十七日辛酉　南丈歸，甚悵，時有雨點而終不雨，民事誠可悶也．
- 二十八日壬戌　朴霂·安履行·鄭綏權·金君三益來．
- 二十九日癸亥　諸客留，安東權泗川季子來宿．
- 三十日甲子　冠童分隊較才，設牛酒以永今夕．權生歸，密陽張大益來．

【七月 小】

- 初一日乙丑　書徒盡散．
- 初二日丙寅　旱旣太甚，可悶．(嚴文彪與其族人來，張生歸) 驟雨乍過，田農家惜乾．
- 初三日丁卯　嚴文彪及其族人來，朴位太之子先奉，以癘不起．萊津李景善過訪．
- 初四日戊辰　族弟福日來，天休率二嚴生，往花庵．
- 初五日己巳　豆·眞·大三兒與福日，往花庵，余亦從此逝矣．淨掃竹塢，環列書籍． 黃山丞等， 已鋪筍皮榻， 揮梧葉扇， 頗有幽靜之趣，殊可喜也．天休歸，得也亦來做．
- 初六日庚午　福漢來，繞膝挽鬢，亦一奇事．
- 初七日辛未　午後，驟雨大注，移時卽止，校任請白龍潭祈雨祭文．得也歸．
- 初八日壬申　福兒歸，大漢隨去，天休來，嚴萬宗歸，大漢·得也來．
- 初九日癸酉　嚴生來，校任又請文殊山亏弗壇祈雨祭文．

- 初十日甲戌　晡雨注，至昏乍止，夜又小注.
- 十一日乙亥　乍晴，天休及大漢歸.
- 十二日丙子　生朝，家人朝送騾子而爲兒輩勸課，不能歸．家季送酒肴，梅婢亦來．供酒肉，家中又送麨酒，送一衲于尹進士，其家亦送童，大漢率福漢而來.
- 十三日丁丑　自昨夜，雨點時滴，小注而止，終日，或注或止，福漢歸，天休來，得甲山書，二嚴生罷歸.
- 十四日戊寅　陰霏，豆·眞·大三兒及天休·福日得先歸，午後雨乍止，騾子來，騎而歸.
- 十五日己卯　凉氣乍至.
- 十六日庚辰　早食後，入府見本倅，出饋酒食，與本倅出觀太和樓方丹艭卽歸．福日歸.
- 十七日辛巳　送豆兒於甲山.
- 十八日壬午　秋氣漸凉，昏，雨點時滴.
- 十九日癸未　昏雨乍止.
- 二十日甲申　驟雨乍過，携眞·大二兒來花庵，朝修書黃山，又得黃山書，贈以竹盃.
- 二十一日乙酉　竹塢幽靜，正好看字，鋤杞菊塢.
- 二十二日丙戌　朝後，携二兒歸，路遇豆兒自甲山歸，言其處輪症又發，渠亦以疥瘡不便，而稠中不得已歸云.
- 二十三日丁亥　修書黃岡，黃岡書二度亦來，晦日將來訪．夜雨大注.
- 二十四日戊子　得尹宗範書，磬池從兄·孝吾族來宿.
- 二十五日己丑　先考諱日，痛泣．來進李器堅來訪而去.
- 二十六日庚寅　發向黃山，秣黃橋店，抵日哦亭，主人兄弟欣倒，達夜穩話.

騾子足蹇，拔鐵留繫.

• 二十七日辛卯　梁山新倅李游夏歷宿於黃山，曾有數面之雅．且是意中人，聯坐穩話．虎尾將軍來話，與主人吟一絶.

• 二十八日壬辰　(發向來進，借騎他馬，秣印轉店，抵來進查家，查兄驚倒) 留話黃岡.

• 二十九日癸巳　(留話，徧訪諸長老，來訪之人，煩不能記) 發向來進，借他騎，秣印轉店，抵來進查家，查兄驚倒.

〖八月 大〗

• 初一日甲午　(携查兄，發向濂川，行十里許，遇雨，投毛老谷曺生所，卽查兄從弟妻娚也．終日雨注，不得已留宿) 徧訪諸長老，來訪之人，煩不能記.

• 初二日乙未　[此乃明日事也](雨少止，往濂川安幼韞所，夕飯後，携主人父子及查兄，往宿曲江方，一此昨) 携查兄發向濂川，遇雨，投宿毛老谷曺生所，卽查兄從弟聘家也.

• 初三日丙申　安兄膾鯉沽酒，爛喫．其伯子與余偕發，秣新亭，族人家亦膾魚沽酒．至花濟前，安生盖向月城，臨歧解携．余投黃山，止淵丈鳴應已先到，夜聯枕穩唔.[此乃明日事也]

• 初四日丁酉　南丈叔姪向密城，郵衙分別，至黃橋店，遇雨，冒雨發歸，抵家，日已曛．星州金生員，以續綱目收錢事來到.[此乃明日事也]

• 初五日戊戌　(高祖妣忌辰，金生員發向校中)

• 初六日己亥　(盖瓦匠僧至閑來，午後又雨) 高祖妣朴氏忌辰，金生員入校中. 盖瓦僧至閑來.

• 初七日庚子　始盖瓦, 午後又雨.

• 初八日辛丑　入府邸, 歷投校中, 齋任朴君性初在焉, 入見本倅, 往見尹龍見, 方以風症苦痛.

• 初九日壬寅　食後, 歷見本倅, 設歌舞, 侑以酒食. 夜深出舍館, 金座首德后來與同宿.

• 初十日癸卯　朝, 入見本倅, 食後出來.

• 十一日甲辰　得黃山書, 孝吾來見而去.

• 十二日乙巳　出野觀刈.

• 十三日丙午　聲池從兄來.

• 十四日丁未　修書本倅, 贈生沈柿.

• 十五日戊申　往花庵, 瞻拜親塋而歸. 庵側梨花華, 可恠.

• 十六日己酉　子婦午後發歸寧之行, 余率去, 宿黃橋店, 英娥護特快, 貰府雇馬馱轎.

• 十七日庚戌　曉食發行, 暫憩路側, 秣馬卽行. 過黃山, 傳喝察訪, 察訪送人答言, 懇要入郵舍, 余固辭. 午, 歇勿禁店, 黃山郵及其仲氏來訪, 饋以酒肴, 午站所費, 自官了當. 花濟族人二員來, 護內行於棧路, 宿新亭族人家. 聲池從兄亦來同宿, 來進奴三婢一馬一來, 翌還歸, 英娥及府馬朔南·萬得·末三直入.

• 十八日辛亥　曉食發行, 午, 歇印轉店, 至峴暫憩. 遇金能若, 乍話而別. 抵來進, 日已晡, 止淵丈及鳴應, 來宿若木丈所. 昏往見, 還宿査家, 來見之人, 煩不能記, 崔知雍亦聯枕.

• 十九日壬子　朝, 査兄邀來止淵丈叔姪, 食後, 還送人馬, 止淵丈期以明日會遊於曲江, 先發而去, 往見程川老人. 晌雨, 達夜不止, 聲池從兄自箕山婿家來宿李戚兄綏安氏所.

•二十日癸丑　雨過, 朝不止, 移時少歇. 與査兄發向曲江, 來進僉益已到, 止淵丈叔姪及遠近親知來會者, 不知幾許. 夜, 泛舟沿流, 至水山郵, 泊游沽酒, 聽歌上下, 亦一奇事也.

•二十一日甲寅　朴叅奉基聖之弟, 來接於曲江. 朝, 邀止淵丈叔姪及余, 供朝飯. 飯後, 又泛舟而下. 水山徐生員供酒饌, 朴佐郞漢宝亦來同游, 携査兄, 訪內浦涑浦昌樂各處, 暫訪安幼韞, 宿慕仙亭[朴氏亭, 卽朴漢宝楸下].

•二十二日乙卯　同宿之人, 煩不能盡記. 竹院孫上舍秉魯氏亦來, 咏三字韻, 贈止淵丈及余, 余卽和聊, 食後發去, 遇止淵丈叔姪於五里許, 暮, 宿箕山朴聖源所.

•二十三日丙辰　朝, 往訪安丈德卿氏伯季. 朝飯後, 發訪鈒浦, 安良彦從姊氏欣迎, 止淵丈·孫上舍及査兄坐慕濂堂, 午後, 往申祖謙所. 夜, 宿申樂淸所, 崔知又雍聯枕.

•二十四日丁巳　主人有數畝方塘, 出觀, 可喜. 食後, 携査兄向竹院, 歷訪瓦要李生員, 點心. 歷哭龍城李晦汝, 不遇. 哭鷔川李咸平. 至竹院, 哭孫再吉, 投孫兵使宅. 夕飯後, 孫宜平要與同宿, 與査兄往留其家, 孫喪人台永來宿.

•二十五日戊午　食後, 又唁龍城李晦汝, 過嶺南樓, 暫登.(游賞) 巡使將到方修理樓閣. 至印店, 療飢, 抵三郞書院, 孫·南二丈及朴漢宝·申祖謙亦到, 夜與同宿於涑倉惟正堂.

•二十六日己未　朝, 上五友亭, 詠晴字七律, 別査兄, 甚悵. 午憩新亭, 暮抵黃山, 主人往梁郡, 以巡使迎候故也. 止淵丈叔姪·孫上舍·朴察訪同宿. 倉監徐元履供接, 頗有酒肴, 又有歌者.

• 二十七日庚申　過梁山，上雙碧樓，傳喝黃山鄆，梁倅亦傳喝．强要入見，辭以忙迫．黃鄆出見，梁倅繼至，侑以酒肴．歷訪鄭元濂於蘇洞，午飯於鄭東佐所，暮宿通度寺．

• 二十八日辛酉　早食後，登藍輿，觀極樂庵，和竹籬翁[孫上舍]之字韻，贈金波上人．又和東字韻．歷唁彦陽校洞金上舍，宿鳴邨．

• 二十九日壬戌　往唁商山姜哀，姜時煥出見，鄭室從姊來居，於此暫訪，疾馳同行．已去待立岩店，觀立岩．午飯於舊營崔生所，宿茶山祠．南鳴應自鳴村分手，可悵．

• 三十日癸亥　歷觀鰲山江亭，過本府，與止淵暫見主倅，同行皆向鷗亭．余先往尹龍見所，俄而同行，皆到曲江，和年字韻七律一篇．

〖九月 小〗

• 初一日甲子　同行皆向月城，累日追隨之餘，殊覺悵然．還家只增離索之懷，至栗峴，遇雨少憩，歸家，日已過午矣．眞兒讀孟初，大兒讀詩．

• 初二日乙丑　往候宗宅，得黃山書．

• 初三日丙寅　觀種麥，午後雨，達夜不止．

• 初四日丁卯　雨不止，觀放翁詩．得黃山書，期以初六日來訪．

• 初五日戊辰　連雨，往見磻溪族兄．

• 初六日己巳　乍雨乍止．

• 初七日庚午　朝雨卽止，黃山寓居族孝民來，昏，黃山鄆來訪，夜與穩話．贈余七言一絶，余亦和之．

• 初八日辛未　黃山鄆强要，偕往萊山，觀溪社，得溪字韻，馬上酬唱．憩黃橋店. 暮, 入梵魚寺, 詠記行詩, 穉容亦和之.

•初九日壬申　金波上人來見, 唱酬二首五律. 至萊府野門外鄭得齡所, 穉容向釜山客舍落成宴. 余弔尹得莘, 携趙生·姜生及朴童[廷孫]登高, 酬佳節. 曛, 萊伯自釜山來傳喝, 夜深, 穉容來.

•初十日癸酉　朝, 萊伯傳喝, 繼而出見, 請見行中詩. 食後, 吾二人入見, 饋以菊餠酒肴, 仍贈一篇五律, 余卽和贈. 出館仍留, 萊伯又傳喝, 夜又入見, 贈以妓樂, 竟夜歡遊.

•十一日甲戌　萊伯又傳喝, 朝入見. 饋朝飯, 又贈二篇五律. 晩朝發行, 萊伯又傳喝, 至溫井相別, 可悵. 至黃橋, 遇雨, 待稍歇, 發歸, 日已暮. 主倅定白日場于旬二, 昨, 以書徒來饋以庖肉.

•十二日乙亥　晨發, 至太和, 路遇甲山人馬, 聞權文玉·文吉·聖五來抵府邸. 主倅及月城尹朴宗羽坐太和樓, 已揭題考古風軸. 晌, 出榜呼中, 文玉居魁, 文吉亦叅, 古風魁卽萊府朴童也. 夜入東軒, 聞絃歌, 定館于客舍, 三權君同宿.

•十三日丙子　食後, 入見本倅及月城尹, 與諸年少出來. 冒雨, 入茶山祠, 三權君亦來同宿, 竟夜大注.

•十四日丁丑　晩食後, 先送三權君. 借乘, 至太和津, 與三君步歸, 踰後峴而入. 夜月蒼蒼, 得黃山書.

•十五日戊寅　權文吉·聖五發向梁山, 盖白日場設行於今十七日. 族君志昌亦倈偕往, 崔濟亨及海倉李生, 來見而去. (梁山)

•十六日己卯　曉頭, 文玉及豆兒發去梁山.

•十七日庚辰　得黃山書, 約以廿一日會游於盤龜.

•十八日辛巳　出野, 觀耕年畦.

•十九日壬午　豆兒 · 文玉自梁山歸, 文玉白場第三, 豆兒亦以三上叅, 崔濟亨弟亦來, 妹兄李仲堅來.

• 二十日癸未 仲堅留.

• 二十一日甲申 與仲堅往盤龜, 黃山丞及其仲氏梁山朴思亨亦從來, 崔琢之氏以眼病不能出見. 夜, 宿集淸閣.

• 二十二日乙酉 食前, 別仲堅, 行(止)至彦陽縣邸. 朝飯, 主倅出見黃丞, 俶余及黃丞入見, 黃丞不許歸, 不得已借其馬, 偕往鳴郇宿.

• 二十三日丙戌 從間道行, 觀酌掛水石, 石白溪淸, 正可觀也. 有將軍跨石山, 巖有沒鏃處, 往往有監旗石筒. 暮宿內院庵, 朴思　亦來, 夜和老杜, 贈嚴鄭公書字韻一篇, 又咏聯句三十句, 又和盤龜坮字韻.

• 二十四日丁亥 歷訪梁衙, 本倅出外, 衙客炙肉供飯, 抵黃山, 夜又詠詩.

• 二十五日戊子 留黃山, 或詠詩, 或飮酒, 內院所詠七律, 二人所詠各一首, 合四首, 聯句三十句, 幷小序, 贈萊伯.

• 二十六日己丑 與黃山丞兄弟往凝川. 午憩三浪, 登五友亭. 暮, 宿九鳴洞金進士聖仲所.

• 二十七日庚寅 聖仲詠七絶一首, 余及穉容和贈. 食前, 往星巒安宅慶所, 聞査兄來待大龜旨安幼韞所, 余先往其處. 朝飯, 黃丞繼至, 往觀曲江, 膾鯉沽酒, 査兄爲之政宿朴漢宝所[新谷]. 夜, 景說圍棋, 正可觀也. 査兄亦來同宿.

• 二十八日辛卯 携朴漢宝, 査兄偕行, 暫憩遂安, 觀惟政大師碑. 抵密府, 黃丞直入東軒. 余及景說坐嶺南樓, 俄而黃丞少來. 主倅出送妓樂, 張管絃. 使少妓舞, 竟夜不撤, 主倅曾相知傳喝. 夜, 黃丞設戰鐵, 申祖謙亦來同游.

• 二十九日壬辰 朝, 龍宮倅曺龍玩適來, 主倅饋朝飯, 且設戰鐵. 食後又設樂,又使四妓爲鼓舞. 朴漢宝每與妓戲劇, 諸妓譏其老敗, 亦一奇事也. 午, 泛小舸於南川, 龍宮倅設戰鐵. 又載管絃於小船, 聽所止而迭唱. 艤船於竹下, 散紅妓於沙汀. 叩金献舞, 亦一奇觀. 龍倅去, 金海査兄及祖謙歸, 余之一行歷訪龍城李晦汝. 宿今是堂, 主人設酒肉以待之.

【十月 小】

• 初一日癸巳　早朝, 往鈒浦申祖謙所. 朝飯, 坐洛淸池塘上別席, 拈出老杜九日崔氏庄寬字韻, 約以同人相和. 別朴漢宝, 黃丞兄弟歸, 余往來進査家, 特快充健, 可喜. 婦阿持酒出見, 欣豁不可言. 夜與僉友穩話.

• 初二日甲午　食後發歸, 李文善亦偕來, 爲見黃丞故也. 至新亭擧炬, 抵黃山, 權文玉爲抄擇榜首云.

• 初三日乙未　主人苦挽, 不得拂歸, 專伻書及于本家.

• 初四日丙申　高祖妣祀事, 不得叅, 可歎. 文善歸, 與主人詠詩.

• 初五日丁酉　或詠詩, 或看字. 夜微雨, 與主人詠寬字韻各三篇, 寄示朴漢宝·申祖謙.

• 初六日戊戌　雨, 至午不止, 晌少晴. 主人殺牛炙鐵, 夜, 又與主人詠七絶一篇, 又和晩翁釣坮韻.

• 初七日己亥　食前發歸, 主人兄弟惜別, 殊可悵也. 抵家, 日欲暮.

• 初八日庚子　惠仲·天休·眞·大二兒俱染疥瘡, 方調治, 余亦同留一房, 其慮不少. 豆兒自月城歸.

• 初九日辛丑　余亦薰藥, 掌背微有疥, 漸可慮.

• 初十日壬寅　昏又薰藥, 紅點遍身, 果是疥瘡.

• 十一日癸卯　送豆兒於來進, 薰藥後, 精神昏瞶, 疥瘡大發, 面部浮噲, 百體搔癢, 此何厄也.

• 十二日甲辰　裸體委頓, 得黃山書, 聞嶺南樓白場設行於望日.

• 十三日乙巳　瘡處又塗藥.

• 十四日丙午　權英玉來. 日與惠從相對吟病.

• 十五日丁未　隣居從叔母回甲, 惠從備酒肴稱壽. 權英玉來.

• 十六日戊申　瘡瘡漸減.

• 十七日己酉　福日來.

• 十八日庚戌　大川族叔族君明汝哀來見而去, 福日亦歸.

• 十九日辛亥　英玉去龍塘.

• 二十日壬子　英玉與朴開彦來, 開彦卽歸, 豆兒自來進歸, 聞快也得痢症卽差. 得黃山書.

• 二十一日癸丑　(豆兒自來進歸, 聞快也得痢疾卽差) 豆兒往龍塘, 借來書傳.

• 二十二日甲寅　漸次向減, 而元氣大損, 悶悶.

• 二十三日乙卯　英玉·豆兒往花庵讀書.

• 二十四日丙辰　眞兒亦得疥瘡, 而不甚大端, 聖紀及大漢亦以是疾苦痛.

• 二十五日丁巳　夜輒搔癢, 寢不能安, 可悶.

• 二十六日戊午　病中, 時覽唐詩品彙.

• 二十七日己未　疥瘡日加, 藥治, 而瘡處紅点不除, 是可慮也.

• 二十八日庚申　風甚寒.

• 二十九日辛酉　閉戶吟病, 門無問者, 鬱鬱不可排遣.

【十一月 大】

- 初一日壬戌　甲山伻來，從嫂宿患卒劇，不勝驚慮，是日寒.
- 初二日癸亥　申伻歸，季能姪往甲山.
- 初三日甲子　疥患似更發，悶悶．巡營杜吏快彦來訪．盖戊申游樂育齋，已與情熟．且前此場屋，頗賴周旋之力．今有洞情，歷此一宿而去，欣倒不可言．豆兒歸.
- 初四日乙丑　瘡處復紅，胸腹搔癢，誠悶．得黃岡書．明日，自德泉驛，余辭以疾，豆兒去花庵.
- 初五日丙寅　英玉·豆兒歸，搔癢漸甚，口味頓減，黃山丞中路回去，書來.
- 初六日丁卯　冬至，病不能薦豆粥於先廟，可歎.
- 初七日戊辰　疥瘡復發，比前尤酷，苦悶不可言，更加調治，而種下生種，不可救藥．英玉·豆兒及眞兒往花庵，天休孫亦往.
- 初八日己巳　(大風) 永夜不能成眠，悶悶.
- 初九日庚午　大風，窮晝夜不止.
- 初十日辛未　連日大風，挽近所未見.
- 十一日壬申　甲山伻來言，權安汝季男端悅，以輪疾，夭折于初九日午，慘矣慘矣．卽通于花庵，英玉及豆兒歸，聞從嫂病憂無加減云，是日又大風.
- 十二日癸酉　英玉歸，是日稍寒.
- 十三日甲戌　自數日來，風氣少止，所患少減，而乍起乍減，無時可已，悶悶.
- 十四日乙亥　日看唐詩.
- 十五日丙子　季能姪自甲山歸，從嫂患候無替節，而一村俱避癘患，權幼慶喪耦云．天休率眞兒歸.

• 十六日丁丑　厚時持馬，自甲山歸，蓋英玉騎去人馬也．得安汝書，悲苦之辭，見之堪淚．

• 十七日戊寅　所患漸減，而腹部復發甚矣，一病之支離也．天休率眞兒去花庵，南士希來宿．

• 十八日己卯　得病已踰一朔餘，出盍不可堪，南友歸，是日，陰而或雪．

• 十九日庚辰　冬至過已久矣，而不見靑魚·大口魚，亦不出市云，可怪．得萊津書，特快以怪症蒼黃十許日，自望曉小可，其母亦病，慮念不可言．

• 二十日辛巳　(瘡處漸減，而胸腹經痛處，又成瘢瘡，可悶) 看唐詩．

• 二十一日壬午　(夜不成眠，此何厄也) 稍寒，疥瘡日漸，向減而快完無期，可悶．

• 二十二日癸未　(南士希來宿，得黃山書) 村中頗有不淨之氣，甚可危怖．

• 二十三日甲申　(南友歸，是日，陰且雪) 靑粧曆自京來．

• 二十四日乙酉　稍寒．

• 二十五日丙戌　天休·豆·眞兒自花庵歸，彦陽鄭戚來宿，醉而困侵，可悶．

• 二十六日丁亥　豆兒去花庵．

• 二十七日戊子　看唐詩，時暹自解顔歸，得平信．

• 二十八日己丑　得黃山書，前後書不知幾度，煩不能盡錄．

• 二十九日庚寅　送春澤於來進，天休率眞兒去花庵，大漢亦去，得黃山書．

• 三十日辛卯　曛，來棲竹塢，挑燈端坐，竹風淸爽，覺有趣味．

【十二月 小】

• 初一日壬辰　謁先塋，看唐詩．天休自開山來，福兒亦來，日氣稍煗．

• 初二日癸巳　　觀埋楮，得黃山書及古詩十二韻，眞兒始服明示散.

• 初三日甲午　　楮不熟更埋，又得黃山書，將以初六發行，懇要相見，而余病未快，不能往，可悵. 和送古詩，李武三來見，翌又來見.

• 初四日乙未　　(裁送黃山謝書) 陰，春宅昨自來進歸，朝，持査家書來，特快母子今則快差，可幸. 眞兒始孟五，豆兒始書五，畢看唐詩，又得黃山書，懇要，不能往餞，可悵.

• 初五日丙申　　寒而風，朴殷來見而去. 甲山伻來，從嫂病革.

• 初六日丁酉　　天休及其季叔去甲山，福漢思歸，不得已送還，可悵. 午後日煐.

• 初七日戊戌　　昨昏，黃山丞書到家，今朝來此. 又懇要相見，其眷眷之情，可感，余以同堂劇憂辭之. 乙風大起，至夜不止. 車永運覓去八大家，黃山居族人李孝民，來見而去.

• 初八日己亥　　(乙風大起，竟夜不止. 車永運來，覓去八大家，夜讀朱書) 讀朱書，夜又風.

• 初九日庚子　　昏微雨，忽大風雲飛，月出皎，風勢夜深愈惡. 大漢往還，夜，舍弟生男.

• 初十日辛丑　　淸而溫，掘井於竹下.

• 十一日壬寅　　掘井一丈半，而水不出，可痛. 更掘於門外西邊. 惠仲來見而出，聞黃山丞發歸，可悵.

• 十二日癸卯　　又掘井，無水而止. 夜又風，大漢往石川而來.

• 十三日甲辰　　自曉微雨靑良，風憲金茂三持鷄酒，來見而去. 豆兒始書六.

• 十四日乙巳　　稍溫，陟前麓，逍遙松下而歸. 李武三來饋鷄酒，昏微雨，夜深，明月皎皎，好德來讀，去其家.

• 十五日丙午　　淸而溫.

• 十六日丁未　　眞兒始孟六，夜雨. 黃山丞初七發歸，留付書，且付詩人玉屑，謄書冊, 畢其役云云. 好德來.

• 十七日戊申　雨終日. 謄玉屑. 夜, 考準訛誤字.

• 十八日己酉　陰霏. 晌. 率貞兒及好德歸, 夜雨且雪. 鄭戚龍甲來宿.

• 十九日庚戌　雨雪終日. 鄭君歸, 出雇奴李先奉.

• 二十日辛亥　率貞兒及好德來花庵, 題春詞七律一篇, 貼於竹塢南壁. 垈如壽契, 契會來設于此, 惠仲·學兼亦來, 晌罷歸, 福漢亦隨來.

• 二十一日壬子　寒而風, 考覽玉屑, 雨後野麥頗有蘇氣.

• 二十二日癸丑　得甲山書, 從嫂患候一向危劇云. 黃山族人李孝民, 來見而去. 黃山丞所送玉屑, 付送於此便. 夜夢遇一統相, 不知姓名, 其人風采, 軒然秀美, 似言年今卄七云, 而不能分明. 余言將往訪於統營, 願得門帖, 乃以片皮如手掌樣, 似書三四行, 又招一隷着戰笠, 只着短袍者, 指示余曰, 此守門首卒, 欲入營門, 則見此伻可以入之矣. 卽書其名曰洪履, 履字下, 有一字而不得記[履字下, 似云規字]. 寫此姓名於皮上, 第三行統相視, 自踏印之, 似烙印樣. 以此贈余曰, 他日可以訪我也. 洪汗立庭下而言於余曰, 俺亦知進賜云云. 余於.

• 二十三日甲寅　淸而溫, 崔濟亨來宿.

• 二十四日乙卯　萊津査家伻昨來, 朝, 得査家書, 快也漸差, 而婦阿自家便歸後. 又後添病少減屬耳云. 午後, 携大·貞二兒及好德歸.

• 二十五日丙辰　(午後, 携大·貞二兒及好德歸嫁) 曉, 叅宗宅祀事, 萊津伻歸, 豆兒亦歸.

• 二十六日丁巳　日氣稍煗, 黃山丞歸家付書, 又贈古詩一篇及新蓂一件.

• 二十七日戊午　高祖妣李氏諱辰. 豆兒及貞·大二兒送花庵. 椒井水砧, 契會設行. 甲山從嫂以二十六日巳時弃世, 訃來, 根若姪客地遭變,至親不得往見，可歎.

• 二十八日己未 朴尙權來見而去. 子成姪家婢似是時氣，悶悶.

• 二十九日庚申 與家弟惠仲，約與餞歲於花庵，福兒隨來，大·眞二兒及渭得·好得亦來，城邨從兄·內從安萊伯來此，守歲. 豆兒暫歸，從聖紀·惠仲而來，從兄與安從兄，竟夜戲四木，亦可觀也. 本倅饋肉皮帖而言曰，革乃變革之革，盖指易之革卦而言. 俄見一騎，而客到門外，下馬入草堂，卽良洞李叅議也. 貌癯髮斑，無復舊容，詳視乃知之，有酬酢語，而不能記得也.

春詞. 竹塢南壁.

元日只餘十日强，窓前午煦漸看長. 將經鑳玉知非歲，未獻溫公貼閤章.

竹裡蕭齋隨偃仰，山頭先壠倍悲傷. 向陽小牖多幽致，願與諸郎學勿荒.

竹塢日記

1809
순조 9, 己巳

【正月 大】

• 初一日辛酉　自夜大風，終日且寒．朝，瞻拜先塋．城村從兄安·內從菜伯氏·惠仲從余兄弟，團會迎歲，豆兒·惠仲及諸兒先歸，安從兄歸，余之兄弟與從兄歸，從兄留拜祠堂及後山先壟．

• 初二日壬戌　風勢乍止，送豆兒於來進，禿登從兄來宿，仁也來宿．

• 初三日癸亥　城村從兄歸，李武三來見而去．

• 初四日甲子　食後，入府邸，舜俞亦隨，入見本倅，饋酒食．曛，出宿巨洞金德厚所，方差功曺，客煩．是日，特快晬辰也，未見試晬盤之戲，可悵．

• 初五日乙丑　歷路，訪松亭宗老而歸．

• 初六日丙寅　煖，天休叔侄自甲山歸，喪家姑支安．

- 初七日丁卯　孫德祚·任大孫來見，始飜耕.
- 初八日戊辰　昏，任君來話.
- 初九日己巳　朔男家有疑疾，屋後亦有痛者，可悶. 舜兪自府歸.
- 初十日庚午　漸有春意.
- 十一日辛未　午後，查兄及豆兒來，聞婦阿與快也完健云，可喜. 解顔伻貴孫來，崔進士景至亦來.
- 十二日壬申　留與查兄穩話，景至歸，往見花庵崔昌灝. 申童應奎來，崔生歸，申童來留石川，眞兒始孟七.
- 十三日癸酉　微雨，携豆兒及大·眞二兒，與查兄往花庵. 聖紀·惠仲·學兼·子成來，聖·惠留.
- 十四日甲戌　聖紀·惠仲歸，夜雨蕭蕭，寒竹有聲，四更間乍止，福兒來.
- 十五日乙亥　與查兄發行，憩府邸，金德厚方爲座首，餽酒肴，暮投尹龍見所，留宿. 南鳴應·南士希方以堤堰之役來留，松內來話.
- 十六日丙子　查兄與南鳴應往月城，余留，是日，風而寒. 往觀士希堤堰處，訪朴戚士雍.
- 十七日丁丑　來路歷訪鄕廳，晡而歸.
- 十八日戊寅　來留竹塢，天休留此，午後歸. 去年，南四同·朴之健書員來謁.
- 十九日己卯　乍寒，福兒思歸，使大漢率去，天休過此而去新庚.
- 二十日庚辰　福兒又來，學兼率石匠僧，來見石處而去. 夜風.
- 二十一日辛巳　崔濟亨來做，黃童亦來.
- 二十二日壬午　疏鑿小塘，崔濟亨及申童應奎來做，李俊成·申光徽·李光釆歷訪，得崔台獻重書，嚴碩憲自京來傳者也.
- 二十三日癸未　借桶泉洞民，運甓. 天休來.
- 二十四日甲申　往觀小塘，活水源源不絶.

• 二十五日乙酉　先送福兒, 午前歸家, 舍弟家女阿痛已數日, 似是輪症, 可悶.

• 二十六日丙戌　查兄自月城來, 得根若姪書.

• 二十七日丁亥　與查兄來留竹塢, 穩話, 或圍棋, 足排廖寂.

• 二十八日戊子　嚴碩憲過訪, 崔生兄弟及嚴也歸. 自昏雨, 竟夜不止. 黃童亦歸, 以疥瘡故也. 甲山伻來.

• 二十九日己丑　雨終日不止, 曉來快晴.

• 三十日庚寅　淸, 野麥乍靑, 春意斯新.

淸閑樹竹護幽居, 閉戶吟詩樂自如. 堯帝甲辰生歲恊, 唐時才子正音餘.
東京耆耉今誰在, 南極星輝昨夜虛. 文酒拚游難復得, 堪嗟人世夢蘧蘧.
　右挽東山翁[孫升九].

【二月　大】

• 初一日辛卯　查兄發歸, 與之偕往獅子菴, 拜宗宅族兄, 展笠洞先隴. 偕宿龍塘朴哀子儀所, 甲山伻歸.

• 初二日壬辰　查兄早朝發歸, 行至西倉下, 分手, 悵不可言. 歷路見金仲溫氏而歸. 聖紀家乳兒又痛, 可悶.

• 初三日癸巳　來竹塢, 天休歸.

• 初四日甲午　回夜, 尹生來做, 天休來, 嚴碩憲·朴民旲來宿, 天休歸, 得黃山丞書, 贈眞墨一笏.

• 初五日乙未　(率福兒歸, 好德亦歸) 朴也朝去, 與嚴也周覽山麓, 天休來, 午後, 率福兒歸, 好德亦歸, 惠從自竹院歸.

- 初六日丙申　祖妣忌辰，只行飯享，以沴氣故也．學兼自月城歸云．食後，率福兒來竹塢，晌風，竟夜不止．
- 初七日丁酉　(食後) 曉來，風競雨又甚，屋瓦飛去，昏少止．
- 初八日戊戌　淸．昏，嚴生來．翌朝與天休去石川，貰馬送甲山．
- 初九日己亥　昏，聞妻母訃，喪變出於初七日戌時，先送豆兒．
- 初十日庚子　朝食後，率福兒歸家，路逢豆兒，勉以讀課．抵家，還送龜尾訃便，城邨從兄及族兄道叔氏見訪．
- 十一日辛丑　先妣諱日，以姻喪不得行祀，尤不勝霣泣．發向甲山，午，秣道邨任乃庚所．訪遠洞李上舍仲謙，出外．投崔察訪仁簡所，留宿．馬僮排仁老來
- 十二日壬寅　歷訪普門南時應丁內艱，唁之．拜姊氏，止淵丈在李上舍洪宝所，盖迎子婦於昨日，賓客滿堂，頗有酒饌．止淵丈兄弟先往止淵溪亭，今與南鳴應·崔景約·李君奭偕行，宿溪亭．客煩不能盡錄．
- 十三日癸卯　設文會契．有牛酒，老少團樂，亦一勝事也．
- 十四日甲辰　主人丈晬辰，略設酒饌．會中推余爲都任，不得辭．製東山翁挽詞，與李君奭至東山，弔之，分手．歷訪孫德祚，至甲山，先見山役所．訪權安汝，入哭從嫂殯．出宿安汝所，弔權哀道而．
- 十五日乙巳　與安汝穩話，朔男來．
- 十六日丙午　弔者，煩不能記，夜獻奠，來宿安汝所．
- 十七日丁未　早食後，行喪．雨來，或大注，或乍止．申時下棺，雨勢少歇，返魂．朔男歸．
- 十八日戊申　稍寒，往安溪，歷見李友聖應．昔疾添劇，不忍見．見李綏文，見仲姊氏，仍宿．

• 十九日己酉 馬僮病甚, 來宿甲山.

• 二十日庚戌 寒甚, 霜殺杜鵑花, 溪氷欲合. 早朝借僮, 抵龜溪, 日纔午. 哭妻母殯, 遇達城趙碩士, 卽主人哀子婦娚也. 與麟之及趙友陟城峴[在喪家西栢岩東], 周覽, 可謂奇穴, 來言主喪牢定山地於此.

• 二十一日辛亥 食後發歸, 憩玉山書院. 河回柳頃見於止淵, 相對欣然. 柳卽柳令季氏也. 穩話而別, 歷訪李監役, 弔李卜. 戚叔達仲氏來宿甲山.

• 二十二日壬子 權幼慶行妻葬於近麓, 往見之. 宿哀姪所, 翌曉, 叅祔祀.

• 二十三日癸丑 李次野來, 釀酒市蟹, 設翰墨契會.

• 二十四日甲寅 以卅二緡, 市屋於甲山西南邊, 正寢草家五間, 行廊舍五間, 垈田五斗落, 果木·燈油木不盡記.[貸六十緡錢於妹兄李仲堅] 携李次野·權安汝·孫文五·季能姪·哀姪, 偕往觀之. 晩始發行, 弔崔漆原, 過訪朴叅奉基聖於崇德殿, 往宿栗洞孫仲雍所, 主人出外, 其弟眞甫來話.

• 二十五日乙卯 過訪新邨李君成, 至佳岩, 憩崔翊之所. 唁崔正言兄弟, 造書堂, 老少咸集, 有酒饌. 遇孫仲雍, 偕往龍山書院, 止淵丈以院首來. 盖享事在再明, 宿門樓, 與翊之約會於盤龜.

• 二十六日丙辰 別仲雍, 發行, 大風卒起, 憩仍甫店. 又憩障川寺, 投白蓮書社. 主人崔上舍景至來留. 出觀水石, 煮花酌酒, 極有趣味. 路逢孫經文.

• 二十七日丁巳 次蓮社回字, 贈主人. 與主人條定居接節目, 留書于崔翊之, 至鵲洞, 瞻拜先隴, 抵大陽, 看石役, 歸家, 日已暮矣. 聞府東千餘戶失, 人多燒死, 慘矣.

• 二十八日戊午　出溪堂山，見山長金仲溫氏·朴丈魯應氏．午後，來留竹所，福兒欣迎．

• 二十九日己未　雲陰，福兒先送，午歸．

• 三十日庚申　遣人問朴民昊，盖遭火災故也．

亂山深處水縈回，更有奇岩自作抬．惠遠社成虎溪[社北有虎溪]在，浩然詩古鹿門[社東有鹿門]開．
村童挾冊論微旨，田父携壺討好懷．借宿雲窓還惜別，征驂林外莫相催．
右次崔景至白蓮書社韻．

【三月 小】

• 初一日辛酉　西面從叔母中祥在明日，往哭之，仍留宿．季能姪自甲山歸，出題送花庵．崔濟亨·尹　，留做花庵．

• 初二日壬戌　朝歸，族人南老元甫來宿．送仵來進查家，朴弁道宇亦來．

• 初三日癸亥　夜微雨．豆·大·眞三兒歸，天休自花庵亦歸．

• 初四日甲子　雲陰．京居金生過宿，送豆兒於龜尾，使之留做甲山，大漢去花庵．

• 初五日乙丑　率眞·福二兒，來留竹所．

• 初六日丙寅　大漢以舌瘡歸，惠仲率卜萬來．出庫中穀．

• 初七日丁卯　潤伯族朴開彦·金景範·張昭蒙來訪，潤伯留，其餘皆歸，朴道恒來謁．

• 初八日戊辰　自曉雨，終日霏霏，午後晴．福兒隨天休歸．宗家子婚定于永川菁學九家, 今日伻來, 受四星.

•初九日己巳 天朗氣淸. 天休來言, 巘倅明日設白場云. 崔·尹兩生·朴弁懇要天休·潤伯而去. 登花藏山, 絶頂擧目, 雲小盡數百餘里, 足以消滌塵累. 借馬於申子仲. 張昭蒙·金童厚時來, 午後歸. 眞·大二兒亦歸. 晌雨.

•初十日庚午 川渠少漲, 午後少止. 步出郊外, 春氣和暢. 末三牽騾, 自甲山歸, 豆兒往哭龜尾, 留做甲山云. 借馬於回夜申生.

•十一日辛未 昏, 天休與崔生兄弟·尹生·辛弁·朴弁來, 彦陽白場二人得雋云.

•十二日壬申 崔君兄弟·尹生·辛·朴諸君歸.

•十三日癸酉 發行, 歷訪盤松張生, 至仍甫店, 少憩. 投宿龍山書院, 投書崔景至·崔翊之, 萬德牽卜馬, 厚時牽騾.

•十四日甲戌 崔翊之·崔周彦來訪, 卜馬足蹇, 抵甲山, 日已午矣. 豆兒出拜馬頭.

•十五日乙亥 與權君文玉, 偕往龜尾. 又借人馬駄卜, 還送萬德. 至聘家, 今日起葬, 會員煩不能記. 李上舍伯心同宿, 昏致奠.

•十六日丙子 食後發靷, 雨洒, 冒雨上山, 申初少止. 下棺後又雨, 返魂乍晴. 又與伯心同宿.

•十七日丁丑 食後, 與李景鑽氏·李伯心及其二族人·權文玉發歸. 午飯, 玉山書院別諸友, 至甲山, 宿從姪所. 權德而迎婿, 饋酒肴.

•十八日戊寅 留甲山, 宿安汝所, 微雨乍止.

•十九日己卯 携安汝·文五, 往訪孫晦而, 沽酒與蟹, 老少多會, 遍訪各處而歸.

•二十日庚辰 往良洞書齋, 新成儕友皆會, 往與團話, 遍訪諸長老, 來宿李伯心所. 僉友夜來同話.

• 二十一日辛巳　往見沙洞姊氏，來宿李士溫所．夜，儕友多來穩話．

• 二十二日壬午　還來甲山，出題試諸年少．

• 二十三日癸未　又留，年少輩課篇，頗有可觀．雨終日．送人書．囑于沙洞姊兄，以五十八兩，買廿斗落田及五升落畓．

• 二十四日甲申　先送厚時，牽去卜馬，余亦發行．至廣洲店，遇李上舍述賢氏，少憩山臺．李上舍漢宝及伯心亦來，與之偕行．仍與二友入府邸，李寢郎善長繼至，沽酒與蟹而食．同往蓮桂所，山臺李丈先到，李監役樹仁氏亦來，李善長卽本所有司也．

• 二十五日乙酉　朝，南上舍景釆氏來，主尹朴宗羽携酒肴而來．李台鼎揆氏來，鄭上舍東弼氏·南佐郎景羲氏俱來．餘見下．酒後，主尹和，要余和，卽和贈孫上舍星岳氏七律．

• 二十六日丙戌　朝，微雨乍止．老少諸員覓句苦吟．李台先發，次次散歸．余與李丈鼎寅氏·李漢宝訪普門，至止淵山坮，李丈先到．

• 二十七日丁亥　與李丈公亮氏·李漢宝往南山．李台尙留，有牛酒．留宿於任升甫所．唁任鼎甫·任仲約·任理甫．

• 二十八日戊子　午後，與李丈往宿佳岩崔景至所，崔翊之夜來相話，崔哀穉玉兄弟亦來訪．

• 二十九日己丑　尹宗範朝來訪，欲買月南金相容家庄而來云．崔翊之携余往其家，饋朝飯，路逢黃山郵吏，憑傳一札，聞二度投書云．

李台鼎揆年七十五，南進士景釆年七十四，李進士述賢年七十三，李監役樹仁年七十二，鄭進士東弼年七十，南佐郎景羲年六十二，李進士鼎昊年五十五，李正郎覲吾年五十，李叅奉元祥年四十八，李進士觀祥年四十六，韓進士文健年四十四，崔察訪仁簡年四十七，崔進士鵬遠年，朴進士春東年.

【四月 大】

• 初一日庚寅　仍與李丈偕往白蓮社，崔景至方留此，其子周彦·崔丈成甫氏·崔翊之偕往. 市蟹携酒，同遊於白蓮社，遍觀水石.[卽昨日事]

• 初二日辛卯　留，翊之得狗與酒，或吟詩，或圍棋. 午後，與李丈·崔翊之·周彦往觀盤龜水石，暮歸蓮社，崔天庸亦來同宿.[卽昨日事]

• 初三日壬辰　主人爲流觴曲水於溪邊，各賦聯句二句，相別而發行. 崔翊之有所幹於彦邸，偕來午飯，行數里而別，可悵. 眞漢自花庵歸. 晡歸家，朔男經癘，季能姪不淑，慘矣慘矣. 黃山書三次來到，大漢自花庵來.[卽昨日事]

• 初四日癸巳　朴開彦·張昭蒙過訪，往做花庵.（眞漢自花庵歸）眞漢以毒感苦痛.[亦昨日事]

• 初五日甲午　眞漢以毒感苦痛，花庵書徒考去課券.

• 初六日乙未　午雨終日，足慰三農，覽杜詩.

• 初七日丙申　乍暘乍雨，步屧，出觀前郊.

• 初八日丁酉　得黃山書，雨霏霏.

• 初九日戊戌　祖考諱日，行飯享，發向密陽，秣宋亭子店，抵黃山. 日未晡，主人欣迎，其仲氏景說亦在座穩話，主人方帶密陽兼任.

• 初十日己亥　留話主人，出送二首巡題於密陽，還送家僮.

• 十一日庚子　借郵僮往來進，婦阿抱特快出見，俱無恙. 快也似解其祖父，繞膝挽鬚，喜不可言. 親知續續來見，夜雨翌晴.

• 十二日辛丑　遍訪谷內諸長老，快也看看可愛.

• 十三日壬寅　親知來見者多，快也或步或匍，作亂如大兒，見之可喜. 年少輩製黃山巡題，頗有可觀.

• 十四日癸卯　與僉友往游昌星齋，有酒肴，談笑，竟日而罷.

• 十五日甲辰　別特快母子，甚悵. 與查兄歷訪新谷朴佐郞漢宝，唁濂川安哀幼韞. 仍留宿安宅慶，夜訪而去.

• 十六日乙巳　朝，安宅慶持酒來訪而去. 與查兄行至三浪，見沴氣大熾，卽地分手，甚悵. 未及黃山，微雨沾衣，主人欣迎.

• 十七日丙午　留與主人，或和詩，或論文. 是日，乍雨乍暘.

• 十八日丁未　密陽巡題課軸來，與主人考評.

• 十九日戊申　主人要余同游月城，偕發. 午飯于石室店，宿彦陽，主倅供夕飯，定舍館，宋觀洙方留衙，中夜來見.

• 二十日己酉　朝喫粥，直造白蓮祉，崔景至出迎于浪吟臺. 午飯後，各吟二首詩. 夕，宿月城府南門外旅. 昏，聞良洞李漢宝·李伯心與遠客來宿汶亭. 遇權文玉於廣洲北方，向吾家，豆兒日前已歸云爾.

• 二十一日庚戌　李漢宝·伯心朝來訪，約於古陽藪，相待吟一首詩. 二友及安東四客來，偕行. 午飯于安康店，至玉院，羣賢畢至，少長咸集. 余及穉容七八人宿溪亭.

• 二十二日辛亥　夜雨乍止. 少憩於安康倉，余先到東江書院，穉容自五琴來，坐濯淸樓，吟詩. 孫文五及其族人來，來宿良洞，夕飯于李台宅，宿无忝堂. 夜，僉友來話.

• 二十三日壬子　老少齊會于書堂，少坐卽發，午飯于甲山. 李士溫·載厚·善長·子彦偕行. 欲見月城尹，至衙門外，閽者推之. 卽出汶亭，同行繼至，官妓夜奏琴歌.

- 二十四日癸丑　與僉友觀月城，午飯九魚店，宿新沓.
- 二十五日甲寅　歷觀鷗江書院，午飯于府邸，登太和樓．觀鼇山江亭，抵石溪社，留宿.
- 二十六日乙卯　黃山丞留，經歷所見，與之酬唱.
- 二十七日丙辰　伯氏忌辰，黃山丞要余偕往．以其瓜期不遠，行將歸鄕，故不忍相離故也．食前偕發，午飯于黃橋．踰後峴，坐舍人岩，簡梁倅出外云．歷上雙碧樓，抵黃山，日纔午，考密陽巡題軸.
- 二十八日丁巳　留話，或酬唱，或飮酒．主人又出二題，送密陽.
- 二十九日戊午　月城·鶴城經歷處，拈韻相和.
- 三十日己未　又與主唱酬．月城行中，所得殆數十首，而多有惜別之意.

【五月 大】

- 初一日庚申　乍雨乍止．梁山倅李游夏景學歷訪．出示行中所得詩軸，使之考評，恰有文鑑，約以歸時相見，與主人唱酬.
- 初二日辛酉　又與主人唱酬，鄭東佐來宿．主人贈余冠帶板，以爲他日不忘之資.
- 初三日壬戌　黃山主人及其仲氏[景説]偕往勿禁江上，泛舟沿流而下，下船上馬，別景悅．與黃丞造梁州，謁忠烈祠，舟中次老杜江村韻．入東軒，樽酒論文．夜，鼎坐團唔，對考接儒課軸.
- 初四日癸亥　黃山丞懇要後，偕往黃山，主人亦言，惠而同行，余佯諾．余與黃丞先發，至南門外，馬上別穉容．穉容回馬首隨來，余立馬言其不得已歸之由，稺容不得强挽而別，悵不勝言．行未十里，微雨，秣西倉而歸．日未晡，溪社設文會，冠童多聚．

•初五日甲子　出溪社，試書徒，以狗酒慰書徒．歸黃山郵僮，簡黃山丞．

•初六日乙丑　又出溪社，觀冠童綴文．(昏雨夜大注) 宗宅族兄晬辰，一三族黨亦來往飮，穩話而歸．

•初七日丙寅　又出溪社，試冠童，夜雨大注．

•初八日丁卯　陰霏．又觀溪社，得黃山書，聞其仲嫂病報．初五日發歸，二度付書，而書末有齊送別淚之語，覽之不覺潸然

•初九日戊辰　觀打麥．

•初十日己巳　又打麥，本倅饋肉，書問要余代撰邑弊疏，辭以疾而不往．

•十一日庚午　道村任乃敬率二兒昨來，宗宅朝往見，偕往溪社，夕飯于吾家，仍留宿．

•十二日辛未　任友歸，微雨乍止．道伯鄭晩錫．

•十三日壬申　往花庵，展拜先壟而歸．

•十四日癸酉　朴天路吟病，出見之．

•十五日甲戌　又往花庵，聖紀·惠仲·學兼亦來，略設酒肴，晡而還．

•十六日乙亥　昏，權安汝來訪，窮寂中欣豁不可言．

•十七日丙子　與安汝出坐溪社，終日穩話．

•十八日丁丑　又出溪社，與安汝對唔，是日極熱．

•十九日戊寅　近與安汝同游於溪堂，不知夏日之長，接中有狗酒．

•二十日己卯　(接中設狗酒) 書徒或去或留，又與安汝往話溪社．

•二十一日庚辰　與安汝往海上，舜兪亦從，歷訪新庚族兄，午飯後，投圓山祠留宿，夜雨．

•二十二日辛巳　乍雨卽止．留宿，鱠魚啖鰒，頗有風味．得李稺容還第後書．

- 二十三日壬午　向唐浦，嚴生六七人隨來，泛舟入燕子島．觀採鮑，下船少憩，向南倉點心．歷入花庵，暮歸，接中有染疥者．盖自朴開彦出云．
- 二十四日癸未　又與安汝出游溪社，書徒稍二散歸，本府兵房以本官意來，請屋材木，不得已許百椽．
- 二十五日甲申　安汝早發，可悵．與聖紀往花庵，觀斫木暮歸，池塘朴生四員移接雲寺．
- 二十六日乙酉　極熱，坐溪社看字．
- 二十七日丙戌　靜坐草堂，看漢書·綱目．
- 二十八日丁亥　本府來請祈雨祭文，熱甚．
- 二十九日戊子　出見講堂，風乎栗林．
- 三十日己丑　又見栗林文會，池塘朴弁二自雲寺過宿．

【六月 小】

- 初一日庚寅　朴天路與其族人，亦自雲菴過訪．盖以疥瘡之故．罷歸．
- 初二日辛卯　旱氣太甚，萬民嗷嗷．
- 初三日壬辰　曉，送春宅于來進，蚤往花庵，午後歸，李慶灝過訪．
- 初四日癸巳　石郇任友來，盖爲見其子故也．
- 初五日甲午　甲山倅來，玉山書院巡題，初場十首·義五首．是日，乃聖紀晬辰，略設酒肴．
- 初六日乙未　甲山倅歸．
- 初七日丙申　出觀栗林書徒，製送文殊山祈雨祭文．
- 初八日丁酉　觀綱目．

- 初九日戊戌　又製亐弗山祈雨祭文.
- 初十日己亥　朴善之過訪, 裁送李穉容謝書. 轉付黃山新延便.
- 十一日庚子　孝吾族來宿.
- 十二日辛丑　陰其雨, 其雨萬民渴望,
- 十三日壬寅　細雨如烟, 尙靳滂沱, 可歎. 李奭彪來宿.
- 十四日癸卯　雖有雨氣, 而尙不得浥塵, 可歎. 玉院巡題, 權君所製軸, 末三持去.
- 十五日甲辰　雲陰解駁, 欲雨不雨, 極悶. 製送黃龍淵祈雨文.
- 十六日乙巳　(製送黃龍淵祈雨祭文)
- 十七日丙午　大雨終日, 前川大漲. 末三奴自甲山歸, 文玉以義居魁, 天休亦叅.
- 十八日丁未　朝又大注乍止, 溪漲挽近初見, 步出栗林, 農夫抃野, 惜不及時.
- 十九日戊申　朝, 乍雨卽止.
- 二十日己酉　淸而熱, 苗之枯者勃然欲興. 昏, 雨點微下, 忽然開霽. 朴民昊見訪.
- 二十一日庚戌　出見溪社, 豆兒始述行文.
- 二十二日辛亥　野步栗林, 溯淸風.
- 二十三日壬子　巡使節扇來, 以新莅之故, 今始來到, 午醫金生來宿.
- 二十四日癸丑　崔濟亨來, 金景鐿來訪, 皥秉來宿.
- 二十五日甲寅　曉入府邸, 坐鄕廳. 朝飯, 入見本倅, 午後歸. 聞畿湖大旱. 路逢密陽朴基性, 暫話.
- 二十六日乙卯　往花庵, 午後歸, 驟雨乍過.
- 二十七日丙辰　朝, 乍雨卽止.
- 二十八日丁巳　乍雨, 夜小注.

• 二十九日戊午　乍雨卽止，筆工趙生又來.

【七月 大】

• 初一日己未　晴，出見溪社，趙生造試筆.

• 初二日庚申　鼙池從兄來去，筆工去，出見溪社.

• 初三日辛酉　近有痔疾之漸，每年此時發作，可悶. 看綱目.

• 初四日壬戌　遣人甲山，權安汝痛背，文玉留久不聞，故急伻偵知.

• 初五日癸亥　來進伻來，特快母子無恙，可幸. 式科以大饑之故停之云.

• 初六日甲子　曉雨，浥塵而止.

• 初七日乙丑　其雨其雨，杲杲日出，時有雨點而止.

• 初八日丙寅　萊津伻歸，微有雨點而止. 朴開彦見訪.

• 初九日丁卯　式科左揆金載瓚入啓，以荒歲退行，朗秋依壬寅例，爲之本道褒貶，目今日來，以道伯新涖故，今始行之.

• 初十日戊辰　本倅以大興前職事方就理，以書問之.

• 十一日己巳　雲而不雨，看綱目晉記.

• 十二日庚午　晬日，家人略備酒肴. 昏雨，大注夜止.

• 十三日辛未　晴，看綱目晉記.

• 十四日壬申　溪祠，山長見訪，族兄堯甫氏來見.

• 十五日癸酉　出見山長於溪社，來進李重美來訪，雨点時下.

• 十六日甲戌　極熱，看綱目.

• 十七日乙亥　甲山伻來，權安汝背腫，下針. 城村從兄·蘆谷族叔見訪.

• 十八日丙子　雨不來而日愈熱，民事惶悶.

• 十九日丁丑　權文玉歸, 甚悵. 密雲西郊, 隱隱雷鳴, 而終不雨, 可歎. 出野觀稼.

• 二十日戊寅　(密雲西蔽, 隱隱有雷聲, 而終不雨, 可悶) 雲而不雨, 看綱目.

• 二十一日己卯　昏雨注, 夜深乍止.

• 二十二日庚辰　雨注. 性右自甲山牽騾歸, 安汝病添劇云. 得龜尾書, 城村從兄自大陽碑役所來宿.

• 二十三日辛巳　朝雨乍止, 有一客戾止, 自言丁書房, 暫坐卽去.

• 二十四日壬午　乍雨乍晴. 郭希顔來, 聞其地無前大殺之年, 可矜. 城村從兄·聲池再從兄·百源族來宿, 明汝族亦來.

• 二十五日癸未　先考諱辰, 霣泣罔極. 城邨從兄又自碑役所來宿.

• 二十六日甲申　往大陽碑役所, 遇雨於五卜洞, 暫憩店舍, 觀役所而歸.

• 二十七日乙酉　觀野水畝, 大熟高仰之田, 失稔甚矣.

• 二十八日丙戌　與郭郎蚤發. 午, 秣前掛店, 遇金安之, 投宿崇德殿. 殿郎朴基聖欣迎, 卜萬牽馬.

• 二十九日丁亥　曉發, 別郭郎, 朝飯于廣洲店. 抵甲山, 安汝背腫大劇.

• 三十日戊子　留主家, 邀來大邱陵城鄭醫, 受針, 宿從姪家.

【八月 小】

• 初一日己丑　歸卜萬, 雨終日不止.

• 初二日庚寅　乍雨乍暘, 其地今日雨, 可謂大注兆, 吾鄕旱甚, 前郊無豆菽. 稌無發穗, 民事可憐.

• 初三日辛卯　往良洞, 訪老少親知, 投沙洞妹家. 李望道亦來, 偕宿李貫一所.

- 初四日壬辰　又訪李進士士溫於良洞，偕來甲山．李次野亦來，夜與偕宿於從姪所．
- 初五日癸巳　携從姪權文士，觀吾田庄所在處，旱損過半．
- 初六日甲午　安汝受針後，稍有減勢，病中相別，殊可悵也．至童拔店，遇朴文一，訪李進士仲謙，與文一偕宿道村任友所，本倅罷職定配，新官趙鎭宣．
- 初七日乙未　雨中發行，大注．少憩萬里店，主人自言冷泉族人云．訪徐潤汝，暮歸，得李穉容書，辭意懇懇．
- 初八日丙申　乍雨乍止．
- 初九日丁酉　甲山倅將欲貿蔘，往來進，付書查家．
- 初十日戊戌　又雨，看綱目漢記．往大陽，觀碑役，宗宅族寫碑．
- 十一日己亥　(往碑役所，宗宅族兄寫碑，喜歸) 城邨從兄，自碑役所來宿．
- 十二日庚子　城邨從兄，往還兵營，來宿，皡兼族過訪，道村任君昨來，宗宅見訪．
- 十三日辛丑　(城邨從兄，往還兵營而來宿) 城邨從兄歸，是日，乍雨卽止．
- 十四日壬寅　王世子誕降於今月初九日時．兵營營吏以兵相傳喝，請賀箋，製四度箋以送．是日雨，自聞邦慶雖在草野，不勝蹈舞．
- 十五日癸卯　與聖紀·豆兒往省花庵先塋．
- 十六日甲辰　往省鵲洞先隴．
- 十七日乙巳　往拜椒井先隴．
- 十八日丙午　兵相送朝紙，自六月初一至今月初六日．
- 十九日丁未　送豆兒於來進，往見大陽碑役所．巳時，婢英娥生女．
- 二十日戊申　穫中稻，城邨從兄來宿．
- 二十一日己酉　兵相又遣吏，請嘉順宮賀箋，盖前此謙挹不受，故今番闕之京司有修賀之飭故也，製送之.

- 二十二日庚戌　毁草堂墺. 福漢近讀千字，能解八十餘字，亦解寫字，可喜.
- 二十三日辛亥　豆兒率去，名昌先送，聞査家平吉，豆兒無撓.
- 二十四日壬子　密陽李丈士心氏·朴聖源及龍塘朴子雲過訪. 經始西廊，觀伐木于前麓. 自兵營聞慶科設行，朔男自月城歸，安汝腫患少減.
- 二十五日癸丑　豆兒自來進歸.
- 二十六日甲寅　曾祖考諱辰，以婢産才經七日，只行飯享.
- 二十七日乙卯　觀伐木.
- 二十八日丙辰　送豆兒於垈如舊基，使之剝棗.
- 二十九日丁巳　夜雨乍止. 出見溪社諸會員，是日卽享祀也.

【九月 大】

- 初一日戊午　天氣稍冷.
- 初二日己未　往花菴，臥竹塢，幽靜可喜. 歸路，遇新庚族兄，制騎方從，郭希顔來，聞解所定于醴泉. 城邨從兄來宿，辛童應奎亦來，送性根于來進.
- 初三日庚申　舜兪冠其子，往見. 是日雨乍止，城邨從兄留.
- 初四日辛酉　城邨從兄歸，曉，叅從祖考祀於惠從家.
- 初五日壬戌　郭君歸，頒赦文來到.
- 初六日癸亥　金景鐼見訪.
- 初七日甲子　曉，夢見柳台相祚於泮舍，款若平時. 霜降殺草.
- 初八日乙丑　甲山伻來，權安汝病勢漸次完健. 性根自來進歸.

- 初九日丙寅　以朝禁無酒, 重陽虛度, 可悵. 豆兒應照訖講, 自府邸夜歸. 夜雨.
- 初十日丁卯　仍雨. 宗宅醮行, 今午將發往觀.
- 十一日戊辰　朝往見醮行於溪社, 乍雨乍止.
- 十二日己巳　晴, 金喪人季安見訪.
- 十三日庚午　早朝, 往下回, 夜見族人元甫祖母葬地斬祀卽歸. 天休發科行.
- 十四日辛未　豆兒明將發向解所, 治行裝.
- 十五日壬申　豆兒駕騾發行, 卜萬御之, 午後, 卜萬來言豆兒(及濘而)墮泥汚衣, 更持他衣而去.
- 十六日癸酉　舜兪昨自永陽歸, 繞其子醮行也. 列礎.
- 十七日甲戌　納禾稼.
- 十八日乙亥　楊根明將發去醴泉, 裁書付豆兒, 聞城邸從兄巡使以前官時座首, 一竝捉囚, (云)故蒼黃入府云.
- 十九日丙子　卯時, 立柱上樑, 遣人府邸, 偵知從兄見捉事. 曛, 無事出來, 來宿.
- 二十日丁丑　稍溫, 巡相一過, 有罪者或重縲, 姦猾畏戢云. 金垕被棍, 李友弘·朴龍漢亦嚴棍拘囚云.
- 二十一日戊寅　木落霜淸, 秋景可愛, 而索居窮陬, 不得可心人, 追游碌碌, 可歎.
- 二十二日己卯　慶山崔生云者過宿.
- 二十三日庚辰　夜雨野潭, 嚴童來宿.
- 二十四日辛巳　乍霽, 道邨任友見訪.
- 二十五日壬午　嚴文彪來宿.
- 二十六日癸未　昏, 雨點時滴, 鋸刀匠來.

• 二十七日甲申　攜大·眞二兒往花菴, 福兒亦從, 宿竹塢, 幽靜可喜.

• 二十八日乙酉　觀摘柹, 晡歸, 嚴君平來宿.

• 二十九日丙戌　借村民, 盖西廊, 族弟福日來宿.

• 三十日丁亥　蓮契會, 定于今日, 門員五六人來會.

【十月 小】

• 初一日戊子　門員罷歸, 福日仍留.

• 初二日己丑　福日去, 豆兒·天休自醴泉解所歸, 五百里遠路, 無撓往還, 可幸. 場屋得失, 姑未可知, 亦不必掛懷上. 試官洪儀泳.

• 初三日庚寅　明將發去來進, 騾子着鐵, 甲山伻來.

• 初四日辛卯　高祖妣忌辰, 食後發行, 秣馬于黃橋店, 踰梁山, 至官門, 欲見本倅, 閽者揮之. 往宿鄕廳, 主倅懇要入來, 聞本倅差右東堂試官, 以非便之, 故終不見, 只借爛報而見之.

• 初五日壬辰　曉發行, 朝飯于新亭族人所. 午, 秣于印轉店, 風聞榜聲, 本鄕只一人, 似尹宗範, 月城只五人而無權姓云, 可歎. 曛, 抵來進查家, 快也出見, 婦阿欣迎. 夜, 見榜眼本鄕, 果是尹友.

• 初六日癸巳　留, 朔男兄弟持二馬而來.

• 初七日甲午　晩朝後發行, 宿印轉店. 大邱都生同宿, 夜微雨, 可悶.

• 初八日乙未　曉, 乍雨乍止. 詰朝發行, 過內浦津, 鳴昌借花濟族君馬來, 遞駄轎子, 秣馬于新亭店. 四僕一婢一馬又來待, 族叔宜明打食物來待. 又秣于松亭店. 暮, 投黃橋店, 止宿.

• 初九日丙申　曉, 先送一僕傳語, 龍塘朴子儀其室人與婦阿, 爲七寸叔姪.

約以中路相見. 午後歸家, 新屋土役過半.

• 初十日丁酉　看新屋塗墍.

• 十一日戊戌　行役之餘, 困頓殊甚.

• 十二日己亥　往花菴, (卽還) 坐竹塢, 移時還.

• 十三日庚子　發向月城, 歷訪石邨任乃經. 曛, 投蘇亭李汝亮所, 宿焉.

• 十四日辛丑　早發, 風而寒, 少憩廣洲店, 抵甲山, 權安汝昔疾今愈. 曰壽突而弁首, 儀容殊可愛.

• 十五日壬寅　稍寒, 曰壽醮禮, 定行于明日, 今行專爲此也. 使曰壽寫禮狀封幣.

• 十六日癸卯　食後, 繞曰壽. 往沙村李鼎贊友弼家, 停飯于李景祖所. 晡, 行巹杯禮, 李友亮·李自牧留話.

• 十七日甲辰　晩食後, 見新婦, 往沙洞仲姊所, 留宿.

• 十八日乙巳　早食後發行, 歷訪安康孫晦汝, 不遇, 唁李哀五兼, 直抵從姪所, 曰壽已歸. 行玉從兄弟自東堂歸, 餪物分饋隣里, 山臺李仁壽·李振伯·人洞李景八來宿, 余就宿安汝所.

• 十九日丙午　留, 與安汝穩話.

• 二十日丁未　早發, 歷訪普門, 宿院洞李仲謙所.

• 二十一日戊申　曉發, 朝飯于冷泉. 歷唁朴善之, 暫訪尹龍見, 暮歸, 快也懽迎.

• 二十二日己酉　往還花菴.

• 二十三日庚戌　鄭戚中祥在明, 操文酹之.

• 二十四日辛亥　塗墍西廊. 夜雪.

• 二十五日壬子　學兼設滴水菴契會, 諸員齊會, 暮皆罷歸. (夜雪, 四山皓, 翌晴) 竹西孫省汝·孫中立來宿.

• 二十六日癸丑　明日, 辦供蓮畓墓祀, 看護先隴祭需.

- 二十七日甲寅　早食，往蓮畓一門，老少多會，暮歸.
- 二十八日乙卯　大陽先隴立石，往見而歸.
- 二十九日丙辰　與學兼·惠仲往安花菴，看檢若干錢，曛而歸.

【十一月 小】

- 初一日丁巳　聞崔育汝來宿宗宅，食後往見．許哀權·地師姜生及過客一人過宿.
- 初二日戊午　統營匠人一名，來宿.
- 初三日己未　往花菴，看護諸般事.
- 初四日庚申　崔濟亨見訪.
- 初五日辛酉　往還花菴.
- 初六日壬戌　送豆兒于甲山，盖權安汝季子窆日，在初九也．高濟族人過宿．是日極寒．(網巾匠張生父子來) 家季南廊失火，缺其房與廐.
- 初七日癸亥　委洞族兄與李兄海寬來宿，送春宅于來進．極寒，網巾匠張生父子來.
- 初八日甲子　往花菴，看護諸般事，暮歸.
- 初九日乙丑　日氣稍解．(夜雪) 城村從兄來.
- 初十日丙寅　(雪，見俔曰) 夜雪，城村從兄歸.
- 十一日丁卯　山雪，見俔曰消.
- 十二日戊辰　張生歸，豆兒自甲山夜歸．任棨中監會云.
- 十三日己巳　昏，微雨乍止，夜雪積.
- 十四日庚午　雪止.

- 十五日辛未　權行玉來, 盖要來留做, 使與兒輩同做.
- 十六日壬申　送豆兒于花菴, 看護埋楮, 余亦往留竹塢, 幽靜可喜.
- 十七日癸酉　留竹塢, 看朱書, 夜深挑燈, 極有幽致.
- 十八日甲戌　午後歸, 統營木匠旬六來, 先造冊房門戶.
- 十九日乙亥　極寒.
- 二十日丙子　看漢書.
- 二十一日丁丑　年荒, 挽近所無, 租六斗至一緡云.
- 二十二日戊寅　日氣稍解.
- 二十三日己卯　又寒, 磬池從兄來見而去. 禿登從兄章從夜來同宿.
- 二十四日庚辰　溪氷腹堅, 竹多枯死.
- 二十五日辛巳　齒痛不止, 背或牽引, 可悶. 周南族人泰運來宿.
- 二十六日壬午　日看漢書.
- 二十七日癸未　往看花菴而歸. 府內金鍾虎來宿.
- 二十八日甲申　日氣稍解.
- 二十九日乙酉　南山任上舍榮喜宴在初二, 其家書遠發去.

【十二月 大】

- 初一日丙戌　食後, 發向月城, 憩府邸, 宿尹龍見所.
- 初二日丁亥　稍寒, 宿排盤崔彛甫所, 良洞李士卿先到, 同宿. 聞良洞二上舍與新恩宿汶亭, 投書, 借校隸. 明朝, 將呼新於中路.
- 初三日戊子　早朝, 二隸自校中出來, 俄聞管絃聲, 新恩出來, 余於邨前, 使二隸呼新, 止淵南丈亦在後到. 聞喜席上, 半日戲劇. 與李上舍漢宝·士溫，往宿任戚新甫所.

- 初四日己丑　被良洞二友牽挽. 又往崔彛甫所，同宿. 南丈亦如之.
- 初五日庚寅　別僉老少發行，小憩寒泉. 又宿尹兄所.
- 初六日辛卯　風而寒，遇畫工，得二張墨畫，歷見鄕射堂而歸. 解顔伻來已數日，靑粧曆來.
- 初七日壬辰　來進馬醫持病馬而來，盖査兄騎，到彦陽加川，先以書訊之.
- 初八日癸巳　解顔伻歸，送豆兒于加川，候其岳丈，厚時自甲山歸，得安汝書.
- 初九日甲午　日氣稍解.
- 初十日乙未　萊津査兄來.
- 十一日丙申　査兄留話.
- 十二日丁酉　窮寂中，賴有査兄，排遣幽欝.
- 十三日戊戌　與査兄往花菴，留竹塢，或手談，或看字，午後雨，夜雪.
- 十四日己亥　終日雨不止，夜又雪，窮山與故人團話，亦一奇事也. 爲査兄製儷文呈草.
- 十五日庚子　食後，蹄指來，高山雪積，前川水漲，午後，聯騎而歸.
- 十六日辛丑　雪後，日氣不寒，野麥欲萌.
- 十七日壬寅　査兄歸，甚悵. 特也望其外祖而連呼去，留情緖頗作惡.
- 十八日癸卯　往還花菴.
- 十九日甲辰　荒災太甚，租四斗至一緡，挽近所未見，夢李友而拱不淑.
- 二十日乙巳　順梅一所生奴排仁，老未入役，夢唁李恩津灝淳.
- 二十一日丙午　稍寒，食松菌，嘔吐大叫，夜深少止.
- 二十二日丁未　委洞再從兄，來去.
- 二十三日戊申　發向月城，歷見鄕廳，投宿池塘朴文一所，夜風而寒，盖甲山從嫂祥日，在廿六日故也.

• 二十四日己酉　大風劇寒，騎步俱難，少憩朝驛店，日寒風亂，不可行，歷宿普門南時應廬. 次南鳴應，夜與穩話.

• 二十五日庚戌　劇寒，馳到甲山. 學兼·天休已先到，賓客煩不能盡記. 李友弼·李仲堅兄弟宿權安汝所，夜往見.

• 二十六日辛亥　留甲山，歸馬僮末三.

• 二十七日壬子　學兼·天休先歸.

• 二十九日甲寅　來普門，盖與止淵翁曾有餞歲溪亭之約. 汶亭歲饌，已爲覓來云.

• 三十日乙卯　携南士鴻往止淵，主人丈伯仲·鳴應·士希叔侄俱在，孫丈瞻聞余來，亦來待，夜團話，或手談，或嘲謔，亦山中一奇事也.

竹塢日記

1810
순조 10, 庚午

【正月 小】

• 初一日丙辰　自夜大雪，仍留止淵．四望皓白，挽近創見．崔敬若踏雪來訪，偶覽朱詩，拈出立春大雪古詩五言凉字十二韻．翌朝，主人丈先和，余亦和之，六七同志，或碁或詩，頗不寂廖．

• 初二日丁巳　雪積不能運動，余詩所謂却歎身無翔之句，非虛語也．覽朱子大全救荒奏．

• 初三日戊午　午後，與主人丈發向普門，登峴，遠眺月城，以北山無雪色．宿南進士草堂．

• 初四日己未　李應五供朝飯，發歸，至影池，雪積比所經處，稍甚．從冷泉山路，雪沒騾腹，間關行色．投宿石村任乃經所，二童欣迎．盖來讀於宗宅者也．是日稍煖．

• 初五日庚申　雲陰. 行處雪寒, 賴騾子便捷, 幸免顚仆. 入蔚境, 雪又太甚, 抵府邸, 留宿, 族人志昌夜來同宿. 夜, 微雨乍止, 本倅臨歲有問云.

• 初六日辛酉　行至紙筒店, 後春宅來邀. 午還家, 福·快二兒懽迎, 喜可知也. 謁先廟. 昏, 拜宗宅族從兄.

• 初七日壬戌　考講大·眞二兒詩傳.

• 初八日癸亥　權行玉忌疥疾, 偕豆兒往栖花菴, 又講二兒. 解顔便來.

• 初九日甲子　又講二兒, 朴開彦·張弁·金景鑌·尹　見訪.

• 初十日乙丑　春氣乍動, 解顔伻歸.

• 十一日丙寅　來進李士用·光靑金亨權見訪.

• 十二日丁卯　昏雪夜止. 族人長源金休甫, 昏, 來訪而去.

• 十三日戊辰　拜花菴親塋, 始伐木, 木手李震太·崔有得·李仁發·震太姪伐木養藪中.

• 十四日己巳　看伐木, 木手金同才午後來.

• 十五日庚午　朝, 有甫從來享欒飯于廟, 又來花菴. 看役, 午後風而雲.

• 十六日辛未　考講二兒詩經. 來進李甥嫁金海, 求婚居已十餘年, 不意來到, 其夫弟陪來, 誠可駭怪. 甲山伻來. 昏, 微雨乍止.

• 十七日壬申　甥女且責且誘, 還送之, 來看花菴役所. 來進李休慶來. 豆兒·行玉來. 夜, 大風且雨. 夜, 土雨大灑, 竹樹着痕如泥點, 可怪. 且聞天東雷震云.

• 十八日癸酉　終日大風. 朴子儀過訪, 武科出身崔　來見.

• 十九日甲戌　風止. 來看花菴役所. 甲山伻歸, 借壯丁運木.

• 二十日乙亥　李休慶歸.

• 二十一日丙子　早食後, 往府邸, 見本倅, 出館饌, 暮歸. 朔男爲馬僕, 中路飢困置之, 五福借人而來.

• 二十二日丁丑　李文叔·安　, 朝來饋飯, 來看花菴役所. 昏, 微雨乍止.

• 二十三日戊寅　稍煗, 來看花菴役所, 借新基洞民運木, 木手次散歸.

• 二十四日己卯　往外光, 見鄭元龍, 請屋材木, 仍偕往校洞, 見族人, 語及村前養松, 來坐竹塢. 春日滿窓, 極有幽致.

• 二十五日庚辰　發向梁山, 瞻拜長坊先隴. 晡, 訪梁山倅李游夏景學穩話, 夜深出宿館所, 夜覽邸報.

• 二十六日辛巳　主人出示去年和流字韻. 晚食後發行, 歷訪蘇洞鄭東佐, 不遇, 投宿通度寺.

• 二十七日壬午　觀大雄殿, 去年重修, 金碧輝煌, 行數十里, 遇雨, 投鵲洞李座所. 雨少止, 晌歸, 夜霜如雪.

• 二十八日癸未　來看花菴役所.

• 二十九日甲申　李文叔·族人孝吾見訪. 午後, 來宿竹塢.

蓬萊何處在, 顏色夢中來. 相憶雲千疊, 前游酒一盃.
重陽難復會, 三姓只高抬. 無路通音信, 江梅幾度開.

右和贈萊府趙宗衡.

巘山之下有鳴郇, 自好齋深樹竹園. 焚券薛鄉人感義, 傾樽北海客盈門.
烏皮几上詩書禮, 鶴髮翁前祖子孫. 壽富康寧兼五福, 仙歸平地謝塵喧.

挽鳴郇金院長輝祖烈卿.

【二月 大】

- 初一日乙酉　村人進永登酒, 鄭元龍從叔姪來訪. 晌歸, 萬德自甲山歸.
- 初二日丙戌　送豆兒於龜尾, 以妻母小祥在今初七日故也. 來宿竹塢. 夜風.
- 初三日丁亥　早食後, 先送木手於外光, 炊飯僧有仁, 持粮饌器皿. 余亦步往校谷松林下, 鄭元龍亦來, 斫十三株, 族兄堯甫氏·族人長源金以衡來訪. 晡陟巘, 來宿竹塢. 夜看唐詩.
- 初四日丙子　看唐詩, 晡歸. 昏雨達曉.
- 初五日己丑　(昏雨達曉) 雨終日, 高山雪積.
- 初六日庚寅.　(雨終日, 日且寒, 高山雪積) 祖妣忌辰, 曉將事于草堂. 是日晴.
- 初七日辛卯　(祖妣忌辰, 曉將事于草堂, 是日晴) 來留竹塢.
- 初八日壬辰　撤伐木之役, 放送匠手, 晡歸.
- 初九日癸巳　花菴築基穿池, 遣聖紀監役.
- 初十日甲午　豆兒自永川歸, 禿登再從兄來宿.
- 十一日乙未　先妣忌辰, 不勝霣泣, 過客二人來宿龍塘. 朴丈魯應氏及其從孫開彦來訪.
- 十二日丙申　來看花菴, 貿屋材於光靑民人等, 一桶以二十五錢貿之, 來者相屋.
- 十三日丁酉　居昌尹文赫云者, 過宿, 頗解作詩.
- 十四日戊戌　朝, 花菴僧來言, 京客二人來宿庵舍, 方下來俄見, 則月城許生, 移接畿邑者而行止極涉, 閃忽朝飯卽去, 來看花菴.
- 十五日己亥　族兄堯甫氏過訪.
- 十六日庚子　發向月城, 宿尹龍見所.
- 十七日辛丑　過訪蘇亭李汝亮, 不遇, 其從兄喪明, 唁之. 抵止淵, 左右親知齊會，盖文會契會定于今日也．

• 十八日壬寅 遞契任代出，崔翊之與李上舍伯心偕行，至竹田下，分手，余投甲湖，宿安汝所．

• 十九日癸卯 投書良洞諸友，期會於東江書院．携權安汝·孫文五往東院，李士溫·文道·伯心·兼重·孫孟最步來，李望道·次野竟夜談笑，亦一奇事．

• 二十日甲辰 携諸友往游萬歸亭，沽酒與蟹，極歡而罷．李兼重·孫孟最歸去，餘偕往達田齋舍，棊酒戲劇．

• 二十一日乙巳 謁晦齋先生墓，李氏丘墓多在於此，山勢雄壯，林木蕃茂，正可觀．仍與步來沙洞姊氏家，供午飯，有酒與魚，良洞諸友皆歸，唯文道·次野同宿．

• 二十二日丙午 哭李汝亮柩，訪李友聖應，抵良洞．(歷)候李台，夕飯于李士溫所，夜宿香壇李伯心所，諸友來話而去．

• 二十三日丁未 朝，吟七律一篇，輓(詩送)李汝亮，訪仁佐洞孫孟彦·天弼，午飯後卽發，與良洞諸友，明日會遊於安康．

• 二十四日戊申 食後，携權文吉步出安康，野中先使沽酒市蟹．李次野·叔良來，俄見李漢宝·望道·文道·士溫·孫孟最·文五等十餘人步來，姊兄李仲堅來，未幾而卽歸．分蟹共飮，偕入店舍，深僻處，燒紅露，炊白飯，羹魚且膾，偶逢二童，挾伽倻琴携一雙笛而來，或歌或吹，亦一奇觀．俄見任上舍質甫吹雙笛而過，呼新而來，听倡歌而已，夕陽在山，各自散歸．士溫吟贈七律一篇五律一絶，李次野携余去其家，二伶童隨來，夜又听之．是日同會者，恰滿三十餘人．

• 二十五日己酉 與李次野携伶童，往候李上舍述賢氏·李監役樹仁氏·李友學壽. 到處使二童鼓琴吹笛, 頗有風流, 仍與次野來宿甲湖, 設翰墨契, 會有酒肴.

• 二十六日庚戌　(晩食) 解顔伻昨到, 送斗粟及樂契所分十二緡錢. 晩食後發行, 宿栗洞孫仲雍所.

• 二十七日辛亥　孫應吉及諸友, 携余往數里許村家, 備酒食, 極歡而罷. 携孫仲雍來, 往佳岩崔景至所, 良洞李景五氏亦來, 余與仲雍宿崔正言所.

• 二十八日壬子　與崔景至·孫仲雍·李景五氏偕行, 步踰龍山, 看梅月堂祠, 山高岩峭, 頗有奇趣, 投南山, 唁任哀升甫氏, 諸長老齊會, 夜宿任哀鼎甫所.

• 二十九日癸丑　大風且雨. 午後始發, 別諸長老, 宿李上舍仲謙所.

• 三十日甲寅　過道溪村, 坐松下, 邀見任乃經, 石健二童亦出見, 晌抵家, 福·快二兒懽迎.

晦翁故宅令公兒, 喬木遺陰庇子枝. 如爾淳姿難復得, 至今餘韻尙無虧.
忍聞薤露悲歌咽, 飜憶花菴遠訪時. 半世追游渾一夢, 杜鵑叢裡涙垂垂.

挽李汝亮[安溪李叅判季子].

江水連天共蔚藍, 聯翩笻屐自東南. 剡中剩得徽之興, 市上何妨太白酣.
召我烟花偸暇日, 與君文酒劇高談. 更期春暮成佳會, 爲是鯉魚出碧潭.
可人唯綠竹, 世事是淸琴.
相憶迷雲樹, 詩中寄片心.

和良洞李上舍士溫.

〖三月 小〗

- 初一日乙卯　出見溪社，新揭扁額，丹靑輝耀，拜宗兄.
- 初二日丙辰　徐潤汝過訪，椒井從叔母終祥在明日，昏往哭仍留宿.（送豆·大·眞三兒于花菴）
- 初三日丁巳　曉叅祀，朝候聲池從兄而歸，散運契穀，懸價與窮族及貧民，有一小鬟名甘眞者，來爲雇婢，約與末三奴結婚，卜吉于今日.昏，騎騾來花菴.送豆·眞·大三兒于花菴.
- 初四日戊午　出觀小塘新塘，又鑿於東水，不能儲.杜鵑正發，春物可愛.看朱書.金宗黙過訪，和李士溫詩二首，裁書付甲山便.
- 初五日己未　午後雨注，野麥一新，夜雷雨.福兒朝後來，竹塢幽靜，看字頗有味.
- 初六日庚申　雲陰且雨，抄錄朱書，考講大·眞二兒詩經五冊.
- 初七日辛酉　午後又雨，至夜而注，雷震，看唐詩.
- 初八日壬戌　近午乍陽，步出東麓，花事正闌.
- 初九日癸亥　自曉微雨，福兒歸，大兒歸，本家覓冊來.
- 初十日甲子　惠仲從來見而去.鵲洞李座首來宿.
- 十一日乙丑　(解顔伻昨到本家，朝得其書，新庚買置屋村，今日將毁，先送聖紀，菴僧持器械而去，福兒來，余亦乘騾子，看候族兄，唁安哀宗弼，歸山.族人潤伯來，夜與穩唔，豆兒歸)
- 十二日丙寅　(聖紀自新庚過此，潤伯去，豆兒來，花事向晩，而不得與可心人同遊，可歎）解顔伻來，得希顔書，毁新庚貿置屋，往見而歸，送豆兒于家，族人潤伯來宿，夜與穩話，和萊府趙宗衡來字韻.

- 十三日丁卯　聖紀自新庚過此，豆兒來，雨點微下.
- 十四日戊辰　全羅道長興居文生　，來請留做，外光鄭別監見訪，福兒歸.
- 十五日己巳　出庵中儲置穀，略施谷內貧民及僧徒，大·眞二兒歸.
- 十六日庚午　借新庚洞民運來屋材，貰人鑿基址，任君　過訪，二兒來，天休亦來宿，得梅菊兩種，栽植於竹塢.
- 十七日辛未　密陽張大益過訪，族人幸胤來留，天休歸，任童石也來見而去.
- 十八日壬申　午後歸，乞客四員來，三去一留．菴僧有仁春花菴役米於私砧，來宿．(任童石也來見而去) 是日，登花藏山，四望雲山千疊.
- 十九日癸酉　雨點，微下卽止．出穀，均施隣里.
- 二十日甲戌　率福兒來花菴.
- 二十一日乙亥　豆兒還家卽來，栽甫過訪，幸允去.
- 二十二日丙子　雨點，微下卽止．潤伯來，月城戚叔李樹勳達仲氏終祥在今廿九，作祭文.
- 二十三日丁丑　雨至夜始注，和宜春倅流字韻七律，擬贈.
- 二十四日戊寅　騾子來歸家，午飯後，馳往西倉，本倅及梁山倅俱到，盖以移穀故也．本倅起鬧發歸，止路傍民舍，余先見本官，次見梁倅，坐語，移日贈七律而歸．福兒率歸，聞李友穉容丁內艱，不能躬唁，又不卽書問，可歎.
- 二十五日己卯　食後來花菴，天休昨來留宿，幸允來晌歸.
- 二十六日庚辰　晩食後，發向月城，憩府邸．秣池塘店，投宿遠旨朴景珍所，排盤崔翰如氏亦來同話.
- 二十七日辛巳　午，秣同發谷店，抵甲山.
- 二十八日壬午　山儲置穀四十餘包，且以六七包，貸谷內親知．備酒果，往山臺．夕飯于李學壽所，哭戚叔几筵，繼以奠誄，宿李監役聖安氏所.

• 二十九日癸未　蚤朝祭祀，朝飯，如夕來，甲山李次野亦來．市蟹沽酒，對飮松下而別．孫孟最同宿，所到處不雨，姑未注，苗望霓方切云耳．主人南三載來，一不游賞，故微激激意云爾.

梁州太守少風流，何不來尋水石幽．莫道郡中馴野雉，爭如海上狎沙鷗.
多君得句花生筆，愧我釣鰲月作鉤．無伴空山春欲暮，丁丁伐木焉相求.

右贈梁山倅李游夏景學.

江城烟柳綠如藍，客子回驢立水南．無地可堪吾輩置，入壚何妨市人酣.
紫甲銀鱗恣醵飮，繁絃亂笛雜淸談．臨行更　前期遠，楓菊秋懷潄玉潭.

右李士溫贈余詩．仲春，與良洞僉友，約會於安康街上，故余留甲湖，詩意及此云.

海內知音少，爲君解短琴.
中途去不顧，却悔理絃心.

去年臘，留甲湖，不見士溫而歸，故詩云.

【四月 大】

• 初一日甲申　朝，投書良洞李士溫，得答柬有七律一篇，俄而馳到，余立馬不發．午，孫丈翰五氏·其族兄就瑞氏·天弼來，主人苦挽，留(宿)止．夜，携士溫宿根若所.

• 初二日乙酉 食後發歸. 午, 秣朝驛, 任進士質甫過而見之, 李丈而性氏亦自鶴城過此, 宿池塘朴文一所.

• 初三日丙戌 行至府邸, 驟雨暴至. 待乍止, 發行, 未免沾濕, 抵家日過午矣. 福兒去留花菴云.

• 初四日丁亥 來花菴, 崔濟亨來已數日, 大·眞二兒始製述.

• 初五日戊子 躑躅爛熳, 綠陰繁密, 步出林下, 彷徨移時.

• 初六日己丑 午後. 先送眞兒, 率去福兒, 余亦步歸.

• 初七日庚寅 看漢書.

• 初八日辛卯 豆兒及大·眞二兒自花菴歸.

• 初九日壬辰 祖考忌辰, 行祀事于草堂, 食後, 雨注乍止, 送奴馬于甲山, 將輸來二麥也. 豆兒往花菴.

• 初十日癸巳 大·眞二兒往花菴, 機張鄭內淵過訪, 朴殷春·鄭　·崔光灝·濟亨弟來考課劵而去.

• 十一日甲午 往花菴, 安履行亦來做, 率大·眞二兒而歸.

• 十二日乙未 豆兒歸, 始折草, 人馬自甲山歸.

• 十三日丙申 豆兒與天休往花菴, 任進士質甫來.

• 十四日丁酉 雨終日, 川渠漲溢.

• 十五日戊戌 與任質甫往游溪社. 午, 臨溪而別.

• 十六日己亥 來花菴, 晡歸. 潤伯自其家來, 將留做於溪社.

• 十七日庚子 楡谷族弟觀吾·族人志愚·金以成景鐄子來留溪社, 觀也來飯於吾家.

• 十八日辛丑 坐溪社, 看漢書, 過客三人來宿, 觀也歸.

• 十九日壬寅 任　來訪, 偕來花菴而別, 狂雨乍過, 午後歸.

• 二十日癸卯 出觀溪社書徒.

• 二十一日甲辰　天欲雨，雨點亂下，俄而止，朴開彦來去.

• 二十二日乙巳　稍煖，出見溪社.

• 二十三日丙午　午後，往見花菴而歸.

• 二十四日丁未　高祖考諱日，季家供辦.

• 二十五日戊申　出見溪社，看漢書. 潤伯崔濟亭往見東萊白場云.

• 二十六日己酉　伯嫂忌辰，雨終日. 潤伯崔宿花菴而歸，白場虛說故也. 文生來宿溪社.

• 二十七日庚戌　伯兄忌辰，是日晴，出看溪社.

• 二十八日辛亥　午後，往見花菴，樹陰正繁，庭花亦闌. 坐竹塢，移時不知山日之西矣，晡歸.

• 二十九日壬子　出看溪社. 宗兄泄瀉，往問.

• 三十日癸丑　往花，惠仲·學兼亦偕，菴中若干錢緡看檢. 晡，溪社長貳金學祖光伯·族人李　·崔宗樞來云. 梁山李德云[所要島居]自言爲同宗云，夕飯，宿溪社.

石白沙明遶一川，箇中光景畵堪傳. 詩腸鼓吹春鶯戴，便腹譏嘲晝睡邊.
虛閣生風忘夏熱，家山無伴對陳篇. 年來漸覺交情重，愧我空空似蠟鞭.
　和李士溫.

〖五月　大〗

• 初一日甲寅　食後，往見溪社僉員. 乍雨卽止，移早稻.

• 初二日乙卯　晴，觀移秧.

- 初三日丙辰　書社冠童，分曺較藝.
- 初四日丁巳　出觀溪社.
- 初五日戊午　雨注，午後少霽.
- 初六日己未　宗兄晬辰，有酒肴往話，移時.
- 初七日庚申　出觀溪社，芒種已過，而野麥尙多靑靑．往花菴，以二盆酒饗谷內居民，運來新庚屋之餘置者，晡歸．府吏朴義樞來謁，製崔溙原聖會挽詞.
- 初八日辛酉　溪社淸爽，鎭日往游，但無與打話，可歎.
- 初九日壬戌　新庚族兄來訪於溪社，穩話半日.
- 初十日癸亥　乍雨卽止，崔聖會輓詞五言古詩五十句成，看史類聚選，間多訛誤字.
- 十一日甲子　曉聞雨聲，乍止，終日霏霏，不過浥塵．梁山花濟李　過訪.
- 十二日乙丑　垈如從嫂朴氏以時疾，昨日戌時不起，長興文生告歸.
- 十三日丙寅　食後往垈如店，邀拜城邨從兄而歸，朴開彦來留溪社，族人皡秉過訪.
- 十四日丁卯　出觀書社.
- 十五日戊辰　發向梁州．午，秣黃橋，抵宜春衙，主人欣迎，夜與穩話，宿其季所留房.
- 十六日己巳　曉乍雨止，浥塵，主人苦挽，不得已留．碁酒消日，虎尾將軍來訪.
- 十七日庚午　發歸，又秣黃橋，至伐坪，遇椧谷族班荊而語，雨點時下，馳歸.
- 十八日辛未　福日歸，池塘課軸來考，長興文生歸.
- 十九日壬申　曉微雨，未及午而止．是日，日氣稍冷，出觀溪社.
- 二十日癸酉　出觀溪社，福日來，金以綱見訪.

• 二十一日甲戌　觀打麥. 李正言南圭內艱, 訃音自黃山來, 暫看溪社.

• 二十二日乙亥　又打麥, 出觀溪社.

• 二十三日丙子　看根耕, 出觀溪社.

• 二十四日丁丑　自曉雨, 尙靳大注, 民事可悶.

• 二十五日戊寅　出觀溪社, 述甲山權院長輓詞.

• 二十六日己卯　夜乍雨, 不過浥塵.

• 二十七日庚辰　往花菴, 坐竹塢, 繙閱書籍, 晡歸.

• 二十八日辛巳　淸而稍熱.

• 二十九日壬午　來花菴, 看打麥, 午後微雨, 馳歸. 竟夜霏霏, 尙靳一霈, 可悶.

• 三十日癸未　細雨竟日, 不足潤渴. 福日歸.

東都自古有淳風, 重厚天姿見我公. 樂在田園聯棣鄂, 家傳詩禮襲梅翁.
老猶益壯神精旺, 孫又抱男慶福隆. 最是人間無限意, 芳隣吾叔十年同.
　挽甲湖權院長東範.

【六月 小】

• 初一日甲申　晴, 本府白場設行於明日, 兒輩入去.

• 初二日乙酉　大·眞二兒先歸, 白場淆亂, 不足觀云.

• 初三日丙戌　往觀花菴打麥, 竹林微有雨聲, 暮歸, 書社諸君自白場出來, 崔濟亨得雋.

• 初四日丁亥　雲陰, 若將大注, 風吹雲散, 竟不雨.

• 初五日戊子　聖紀晬日, 略備酒肴, 半日湛樂.

- 初六日己丑　欲雨不雨，民事惶悶.
- 初七日庚寅　雨而不洽，望望惜雨乾.
- 初八日辛卯　晴，未及移之秧，亦不得揷，可歎.
- 初九日壬辰　(辛應奎來，朴士文終祥在明日) 日漸熱，溪社清爽，半日避暑. 山色含雨，時或霏霏乍止，昏雨卽止.
- 初十日癸巳　開山朴士文終祥在明日，往唁而歸，雨點微下，乾畓種菽粟.
- 十一日甲午　朴丈魯應氏過訪，任和之夜訪，盖其子留宗宅者，得病故來云.
- 十二日乙未　順天車碩士　來訪，稍慧能文云. 任和之率病子而歸.
- 十三日丙申　車碩士來訪於溪社，使述功令，超一等，仍留宿，牟一斗至三戔餘云.
- 十四日丁酉　雨過午乍止，惜不霑足，夜大注，車生去桶泉.
- 十五日戊戌　前溪黃漲，午又大注卽止，農夫遍野. 眞漢痁疾三次，車生來.
- 十六日己亥　車生來，半日坐溪社，爽氣滿襟.
- 十七日庚子　車生留宿，各邑褒貶都目來.
- 十八日辛丑　車生去.
- 十九日壬寅　車生來.
- 二十日癸卯　車生來，余入府邸，晡還. 是日，府市租一斗至五十餘錢，米九升一兩云.
- 二十一日甲辰　雨終日. 車生來宿.
- 二十二日乙巳　乍雨乍暘. 車生去.
- 二十三日丙午　朝，乍雨卽止. 車生來.
- 二十四日丁未　晴，近以痔症作苦，用槐木灸，似有效. 車生來.
- 二十五日戊申　聲郇從兄回甲在卄三日，而以生家祖妣忌辰在卄四. 故退行今日，略備酒肴，替送舍弟及惠從. 轉聞寒泉李室甥女不淑，其郎前此，以時疾夭折云．慘哉慘哉．

• 二十六日己酉　潤伯崔濟亨來．

• 二十七日庚戌　坐溪社，觀諸君競葩，甲山曰壽來，幸允來．

• 二十八日辛亥　書社冠童分曹較藝．(自昨始甲山）曰壽(來)仍留，幸允留做．

• 二十九日壬子　崔濟亨歸，車生來，幸允歸．

【七月 大】

• 初一日癸丑　潤伯歸，車生來．日熱比酷，李大民過訪．

• 初二日甲寅　族人心應來宿，余來宿竹塢，車生來．

• 初三日乙卯　近午而歸，車生來．

• 初四日丙辰　崔濟亨來，車生來．

• 初五日丁巳　自夜雨，午後少霽，崔濟亨去伴鷗亭，車生來．

• 初六日戊午　驟雨乍過，蘆谷族叔李文叔來，族叔留，文叔歸，雇奴貴孫以其母病革故去，車生來．

• 初七日己未　蘆谷族叔留，午後，驟雨乍過，車生來．

• 初八日庚申　族叔歸，微雨乍過，朴開彦歸，車生來．(驟）福日冒雨來，車生宿．

• 初九日辛酉　車生來．(福日來，是日驟）午後往花庵，夜宿竹塢．山月入戶，竹風滿襟，足以滌暑氣而爽塵心也．

• 初十日壬戌　近午而歸楡谷，大川族叔乘夜來訪，卽福日大人也．

• 十一日癸亥　晡，族叔歸，近日日熱，挽近所未見．

• 十二日甲子　家人略備酒肴，以生朝故也．出巡題十首，借鷗院輪示一境．

• 十三日乙丑　早朝，發向月城，午飯于萬里城松林中，至道溪村松林下，任友數三人出見．至東方店．夕飯，乘日投宿蓮桂所，寢本廳上，溪聲瀰瀰，月色蒼蒼．

• 十四日丙寅　蚤發，朝飯于廣洲店，抵甲湖，權安汝方在造屋所，往見其地清爽，可喜．

• 十五日丁卯　宿根若所，往唁琴湖李玄風，盖其妣祥已經故也．往良洞李台病革，方留書堂，往候，少長多會，梅谷鄭季觀亦來，往宿安溪姊氏所．

• 十六日戊辰　李仲亮不淑，歷哭又到良洞．訪李士溫，又診李台病．訪李善長，孫仲雍·應吉亦來，偕訪李伯心，諸友齊會于此，相別．與孫應吉宿甲湖權安汝所．

• 十七日己巳　與孫應吉蚤發，歷唁崔上舍鵬遠，午飯于新基李君成所，驟雨乍過，投佳岩，崔上舍景至·崔穉玉仲韞來訪，韞也仍與聯枕，崔翊之亦來唔．

• 十八日庚午　崔丈乃文氏方病革云，歷候．穉玉子亦向鶴城，與之偕行．微雨乍止，踰遲遲峴，少憩于無去來店，歸家，日未甲矣．考冠童課軸，眞也極有可觀．星州二客過宿．始刈早稻．

• 十九日辛未　夜來，似有凉氣．

• 二十日壬申　書送巡題于池塘，崔昌灝來宿．

• 二十一日癸酉　筆工來宿．

• 二十二日甲戌　來花庵，驟雨乍過，權文玉冒雨而來，盖余懇要來做於此，以爲兒輩師表，故不得已而來云．

• 二十三日乙亥　雨，書徒移接于冊房．

• 二十四日丙子　雨，看漢書，委登從兄來宿，前溪大漲．

- 二十五日丁丑　連雨.
- 二十六日戊寅　連雨. 脅內生一腫, 不忍其痛.
- 二十七日己卯　連雨.
- 二十八日庚辰　又雨, 夜大風.
- 二十九日辛巳　又雨.
- 三十日壬午　乍晴, 甲山人馬今日始歸.

【八月 大】

- 初一日癸未　兒輩始述行文.
- 初二日甲申　雨. 監試試所, 初定于龍宮東堂, 定于靈山, 從儒狀換所云. 是日, 大風忽起, 達夜不止.
- 初三日乙酉　脇腫痛不忍堪, 可悶. 仍大風.
- 初四日丙戌　(木手李震大) 風止穀多枯云.
- 初五日丁亥　木手李震太來, 與謀花庵規撫. 牛醫金生來, 邀尹醫, 下針腫處, 拔去核.
- 初六日戊子　曾祖妣朴氏忌辰, 病不得叅祀, 可歎. 始花庵營造之役, 木手李震太·崔有得先去, 梁山族人春國叔姪來宿.
- 初七日己丑　乍雨卽止. 眞兒婦瘧三次, 今夜, 使之治方, 朴丈魯應過訪.
- 初八日庚寅　權君文及豆兒發去東都, 以抄擇在今旬日故也. 朴茂七來謁而去.
- 初九日辛卯　腫患漸差. 金仲溫氏來訪.
- 初十日壬辰　聞各處皆熟試, 行步門外, 學兼往月城.
- 十一日癸巳　看漢書. (學兼發向月城) 夕, 驟雨忽過.

• 十二日甲午　(晌, 驟雨忽過) 學孫自月城歸, 得文玉·豆兒書, 抄擇設行於十六日云. 良洞李台鼎揆氏, 七月卄九日不淑云. 龜溪鄭朋之去月不起云, 慘矣.

• 十三日乙未　出看野色, 水畝大熟, 高卬之田, 在在失稔, 兒輩撤行文.

• 十四日丙申　有酒與肉, 頗慰病懷, 但無與接話, 可盍. 牛醫來去.

• 十五日丁酉　始冠櫛, 行節祀. 是日, 自曉微雨.

• 十六日戊戌　風聞豆兒叅都會榜, 惠從俄自外來, 亦云春宅傳鄭龍甲言, 信然, 朝, 送僮于普門.

• 十七日己亥　甲山根姪家人馬來, 木手皆會役所.

• 十八日庚子　來花庵, 瞻拜先塋, 福兒隨來, 豆兒來謁, 可喜也. 晡歸, 曰壽·天休來訪於花庵, 先歸.

• 十九日辛丑　朴丈魯應氏過訪, 曰壽歸, 可悵. 學兼自月城歸.

• 二十日壬寅　來看花庵役所, 治匠來已數日云.

• 二十一日癸卯　逐日, 騎騾陟巘, 不知疲, 破屋拓基, 借奴丁十餘名, 未暮解送.

• 二十二日甲辰　來花庵, 金仲溫氏來宿, 投書梁山倅, 李游夏請花庵上梁文.

• 二十三日乙巳　來花庵. (投書)

• 二十四日丙午　學兼發去永川, 盖以永川鄕校變怪. 定道會于今卄七日, 且有事端, 故不得已再往來花庵.

• 二十五日丁未　得梁山倅謝書, 來花庵.

• 二十六日戊申　曾祖考諱辰. 豆兒發去覆試. 率福兒來花庵, 椒井洞民來役築址, 近午雨注, 解送役丁, 竟夜雨不止.

• 二十七日己酉　雨終日, 川渠漲溢.

• 二十八日庚戌　乍晴乍雨.

• 二十九日辛亥　雇人鑿地, 治匠來, 箕山金能若及玉姪來訪.

• 三十日壬子　鋸匠暮來.

【九月 小】

• 初一日癸丑　窮山土木之擾, 不勝其苦, 悶悶. 晡, 率福兒而歸. 歷拜仁同族兄, 特快出迎于野.

• 初二日甲寅　(晡, 率福兒而歸. 歷拜仁同族兄, 特快出迎于井邊) 東萊居朴弁來宿.

• 初三日乙卯　留家一日, 便覺煩惱, 菴役雖擾, 反不如在山中. 晌, 歷見溪社僉員, 徐步上山, 族弟福日·李光國過訪, 溪祠秋享, 以國忌之故, 退行於初五日.

• 初四日丙辰　許多工匠供接, 不可堪, 誠悶.

• 初五日丁巳　借下坐如洞民, 運瓦運礎, 聖紀來看, 崔龍秀來訪.

• 初六日戊午　借本洞民運礎, 惠仲來看.

• 初七日己未　豆兒自達城歸, 道伯遭譴, 罷場不得見覆試云. 權君行玉科行歷入, 夕歸. 見學兼再昨始歸, 崔濟亨來宿.

• 初八日庚申　騎騾, 來看花庵列礎.

• 初九日辛酉　行玉發去靈山解所, 來看花庵, 雇人塗礎, 留聖紀而歸.

• 初十日壬戌　豆兒往見花庵而歸. 萊府尹致範自京過宿, 盖有筆名者, 辛應奎來宿, 將寫豆兒試紙.

• 十一日癸亥　騎款段, 往見花庵, 權文玉·英玉科行歷宿, 天休與辛生發去解所.

• 十二日甲子　豆兒與權君兄弟發科行. 鋸匠鄭哥午始來.

• 十三日乙丑　李俊成來訪於家, 與之偕來花庵, 卽去.

• 十四日丙寅　治匠金性大及其傭人來.

• 十五日丁卯　使有仁往石川, 春水砧, 借新基洞民, 運椽木, 聖紀來看, 暮歸.

• 十六日戊辰　學兼來, 大·眞二兒挾冊而考講各一卷, 福兒亦來, 俱歸.

• 十七日己巳　述上梁文, 李茂三持魚塩而來見. 治匠去, 鋸匠鄭哥去.

• 十八日庚午　始立正間柱, 上梁文訖功. 晌歸, 使大·眞二兒, 謄出六偉.

• 十九日辛未　送人梁山述四六. 修起居, 更請六偉, 替使聖紀, 看護齋役.

• 二十日壬申　來看花庵, 立柱涓吉於今日故也. 已上樑, 只餘胅梁一介. 舜兪迎子婦於是日, 過午卽歸, 族親多會, 盃酒團欒, 上客卽新婦之父, 來宿草堂, 鋸匠鄭哥來.

• 二十一日癸酉　替送聖紀於花庵, 借仁同族兄, 繕寫安花庵上樑文, 七十四歲翁筆畫强健, 亦一奇事也. 鋸匠安哥去, 鄭哥亦去. 兵營裨將李宜復過訪而去.

• 二十二日甲戌　岱如從嫂朴氏葬地, 占得於西倉近地, 今日斬祀, 曉頭往見. 來會者, 多有沮戲者, 堇得無事, 晡歸.

• 二十三日乙亥　雨点時下, 午來花庵, 備得酒肴, 以爲明日上梁之具, 鑿胅梁, 藏六偉文, 惠仲昏來, 福兒午後來宿.

• 二十四日丙子　丑時, 上樑木手設饌, 拜跪焚紙錢, 恰似祭儀, 聖紀亦來, 暮歸. 豆兒自靈山歸, 辛應奎爲兒筆手亦來宿, 聖紀留花庵, 仁同族鋸匠鄭哥來去.

• 二十五日丁丑　豆兒往見花庵而歸.

• 二十六日戊寅　覆試設行於今卄八, 營關俄到, 發遣豆兒於達城. 岱如從嫂襄禮定行于明日. 晌步往, 昏發靷. 隨至山上, 來宿西倉, 朴子雲來待.

• 二十七日己卯　朝，往見盈坎，朝飯于西倉，歷訪龍塘，借屋材于朴子雲，木手方治木，往見役所，來見垈如喪家，至椒井前．雨点微下，又借屋材于肝谷驛民，木手七名往宿焉，是日昏，微雨乍止，李　持魚，來見而去．

• 二十八日庚辰　木手來自肝谷，或歸家，或往花庵，鋸匠安哥來，垈如金厚時持酒肴，來見而去．

• 二十九日辛巳　張昭夢·李幸允·朴貞孫·二裵君來見而去．晌來花庵，聞李晦淵安堵中監試．

【十月 大】

• 初一日壬午　借蘇洞民運木，聖紀來看．安德修來見，卽安堵父也．福兒隨僧而來．晡，率福兒而歸，留聖紀，上西浦，二童來見，榜眼意中，人多落莫，可歎．

• 初二日癸未　筆墨工二人過宿．昏雨．

• 初三日甲申　仍雨，午後乍止．

• 初四日乙酉　高祖妣忌辰，送酒肴于花庵．

• 初五日丙戌　與學兼來看花庵，學兼歸，木手金春先遭父喪而去．

• 初六日丁亥　述良洞李台挽詞七律一篇．豆兒自達城歸，見敗不足怪貌遠行，無撓歸，可幸．借貴旨洞民，運椽木．

• 初七日戊子　晡歸，昏乍雨．

• 初八日己丑　(騎騾來看花庵) 聖紀留看齋役，借龜岩洞民，運椽木．

• 初九日庚寅　騎騾來看花庵，舜兪歷訪，晌，與之偕歸，府居朴　來宿．

- 初十日辛卯　午後，携福兒來花庵，聖紀看役而歸．高山洞民八名來役．
- 十一日壬辰　高山洞民十四名又來役，朝，金景鑌來訪．
- 十二日癸巳　始掛椽木．
- 十三日甲午　率福兒而歸．
- 十四日乙未　雨，痘疾犯，溪村已久，延及於溪村，危怖不可言．
- 十五日丙申　終日陰霏．
- 十六日丁酉　來看花庵，椒井滅巖洞民運瓦，聖紀來(使留)看護而歸．聲池再從兄來見而去，機張海倉李世雄曾從學者見訪，車碩士來訪．
- 十七日戊戌　來看花庵，晡歸，梁山寓客金生持二鯉來訪．
- 十八日己亥　乍雨．崔濟亨來宿，車碩士來訪，看八域志．
- 十九日庚子　來看花庵，聖紀因留看護．
- 二十日辛丑　往叅蓮畓墓祀，歷唁召周朴南權，宿有甫從所，送人萊津．
- 二十一日壬寅　曉發，抵梁山衙，主人方食，入見朝飯，其弟亦自京來．夕飯，設笠骨，穩話．夜欲乙，宿主人之弟所．
- 二十二日癸卯　晩食後發歸，少憩西倉，暮歸．中光洞民來助散材，桶泉洞民運瓦．
- 二十三日甲辰　來看花庵，瓦匠鑿連檻已訖，始結散材，寒氣猝至，亂雪忽下，暮歸，聖紀亦歸．是日，五卜洞運瓦．
- 二十四日乙巳　婦阿(有産氣)自昨夜有産氣，痛聲出外，可悶．催科火急，四隣喧譁，景象可慘，午，來看花庵，聖紀早朝已來，有甫從來訪，晌歸，中路聞婦阿已解身秉男子，欣聳不可言．入産房見兒，骨格奇異，尤可喜也．
- 二十五日丙午　婦阿産後，別無雜症，可喜．
- 二十六日丁未　來看花庵，始盖瓦．雲陰且寒，夜大風，得梁倅書．

• 二十七日戊申　天淸風冷，來進伻歸.

• 二十八日己酉　來看花庵，借上亭子洞軍，運瓦．學兼來.

• 二十九日庚戌　來看花庵，始西廊層軒.

• 三十日辛亥　食後，發向月城，爲觀良洞李台襄禮故也．秣馬萬里地店，抵童方店，日已曛黑，留宿沿路，修治官路，鑿破田地，廣至三丈餘云.

又快　庚午

辛亥

乙巳

壬午

太平生老德無瑕，鄕吏何曾貴旨加．一代簪纓良佑洞，百年詩禮晦翁家.

星容南極台輝動，日昃重离大耋嗟．耆耉東京誰復在，不堪汶上看春花.

【十一月 小】

• 初一日壬子　早朝發行，飯于廣洲店．到甲山，權安汝已先往良洞，使文玉寫挽章，與孫文五偕往，夕飯于李上舍伯心所．昏哭李台殯，夜宿伯心所．南佐郎同留，南鳴應·柳相翼聯枕.

• 初二日癸丑　朝食後隨喪，午飯于冷水店，到竹洞，卽葬所也．會葬者，數百人．晡設座，差鄕人護喪，余亦叅其中．夜與李次野·崔翊之·李伯心同宿.

• 初三日甲寅　下棺後發歸，親知稠廣中，不能面面相別，歷訪丹丘．又訪安康孫晦而，適半耕汗打租，進酒肴．唁李哀謙五，到甲山，日欲西矣．孫直天同宿．

• 初四日乙卯　留甲山，南佐郎及其姪鳴應·族人休吉·李次野來與同宿．

• 初五日丙辰　朝，往根若姪家，看儲穀．朝後，與南丈一約偕發，至廣洲相別．直向見谷，歷訪徐伯玉．仍與偕訪從妹，投柯亭．唁崔子成．夜，挑燈論文．

• 初六日丁巳　夜雨乍止．發行，又訪徐伯玉，歷見崔漆厚子．唁崔彛甫喪．投宿於普門南哀時應所，崔鄭仁簡同宿．

• 初七日戊午　時應托其子肇源，與眞漢同年生，余嘗奇愛之，携與之偕歷唁冷泉甥女喪，投宿尹龍現所，夜與手談，夜雨．

• 初八日己未　歷見本倅，其長子小成，仍賀之．懇要到門而來游，饋竹瀝魚果，抵家，福·快二兒欣迎，夜雨乍止．至無去來店，遇二任童偕行．

• 初九日庚申　來看花庵，覆瓦過半，層軒嵬然．舜兪兄弟來此，與偕同喫，晡歸．夜，往叅宗宅祀事．

• 初十日辛酉　來看花庵，新基安興守打租，有酒肴．

• 十一日壬戌　來看花庵，安興守來．

• 十二日癸亥　盖瓦西廊，借德峴洞民，運瓦．晚食後，來看花庵．

• 十三日甲子　來看花庵，借下坐坐田居民六名，運瓦．與學兼往花庵．

• 十四日乙丑　來看花庵，西廊盖瓦畢．

• 十五日丙寅　往花庵，尹上舍而得先到，與之偕來，留宿．是日，適有牛酒，夜，與而得穩話．

• 十六日丁卯　往花庵，趾坼感，冒風寒，歸卽委臥，苦痛．

• 十七日戊辰　比昨日少減，而寒熱交戰，脚部牽亘，且有頭痛，苦悶苦悶．

略備酒肴，送年少輩于花庵，放送工匠.

- 十八日己巳　脚病少減，而口味全損，悶悶. 得本倅書，其子到門，在今念日，要余來游. 惠仲·天休發向甲山.
- 十九日庚午　脚病漸差，寒泉族姪季應來宿.
- 二十日辛未　早朝，馳往府邸，季應隨後，少憩鄕廳. 俄聞新恩漸近，入見本倅，多借官隷，列立庭廡，呼新進退，奏管絃，劒舞，贈一律. 進士卽趙冀永，晡還家，夜欲乙矣. 是日，朝寒暮解.
- 二十一日壬申　種痘，福漢及尙得[學兼第二子].
- 二十二日癸酉　痘氣四圍.
- 二十三日甲戌　雨. 遠漢痛痘.
- 二十四日乙亥　乍雨，終日陰霏，七孫染痘.
- 二十五日丙子　看漢書，日氣不佳. 種敏姪以時疾，昨日戌時不起，痛矣痛矣.
- 二十六日丁丑　往觀花庵，歷看蓮畓，半分於新里安興守家. 是日稍寒. 夜看漢書. 舜兪入府邸，製藥. 余亦製來葛根湯一貼.
- 二十七日戊寅　惠仲·天休自甲山歸.
- 二十八日己卯　禿登從兄自甲山歸，福兒自昨痛項，似是痘症. 孫省如來訪.
- 二十九日庚辰　學兼痘兒症甚危劇云. 福兒苦痛，天休爲學兼兒入府製藥. 余亦製來四聖回天湯一貼.

趙上舍聞喜宴韻.

仙鶴翩然下古城，上天初聞九皐聲. 梅軒偶叅同庚契，蓮牓今看令子榮.
滄海風來鵬路遠，洞庭春入壽樽淸. 君年吾亦登同馬，堪愧窮廬過一生.

【十二月 大】

• 初一日辛巳　學秉哭其兒，慘矣．福兒仍痛，送豆兒于楡谷，貿來人參，來進倅來．

• 初二日壬午　福兒自曉少差，鼻端似有痘點，服四聖湯，吐而不能盡服．看漢書．

• 初三日癸未　福兒始發，瘢症甚順，可喜．夜看漢書．

• 初四日甲申　痘兒不善飯，可悶，但是聖痘，亦足喜也．

• 初五日乙酉　福兒始起，脹症甚順，可喜．遠兒顆粒雖多，亦順行云．來進査兄來．

• 初六日丙戌　(來進査兄來）痘兒姑無雜症，梅婢所生男女俱行痘症亦順云．

• 初七日丁亥　稍寒，痘兒貫膿，査兄留話，足慰愁盍．

• 初八日丙子　痘兒似收靨，無異平時，可喜．崔濟亨來宿，午後，風而寒，豆兒往看花庵而歸，因崔生便，付書梁倅．

• 初九日己丑　査兄歸，甚悵，痘兒始收靨飮食，日漸健前，可喜．

• 初十日庚寅　弟家送神，往見之，福兒亦往，觸冷夜微痛．

• 十一日辛卯　桶泉處女耻雀角，飮毒而死．本倅檢屍次出來，欲訪余，至小山前，聞家有痘憂，不入而傳喝而去，贈二曆．余不得已往見所留處．飮以竹瀝一椀，將由山徑，借余騾子，使春宅牽騾而去．

• 十二日壬辰　福兒昨夜，觸風微痛．今日快差，面部落痂．看放翁詩，班固史．

• 十三日癸巳　春宅牽騾朝歸，福兒日漸甦健，可喜．巘倅再檢桶泉屍，夜看漢書．

• 十四日甲午　■日稍溫，看漢書．

• 十五日乙未　福兒如平時，可喜．看漢書．

- 十六日丙申　始送痘神，經痘諸兒咸集，分饋酒食，禿登從兄來去.
- 十七日丁酉　特快自朝始痛.
- 十八日戊戌　快也出處草堂，及暮而還入內，出之惠從于南倉.
- 十九日己亥　特快始發瘢，鄭龍甲來訪本面，面任過謁，各邑褒貶，都目見到，普門伻，持肇元冬衣而來，英婢二所生女亦痛，止淵翁始入臺擬，可幸.
- 二十日庚子　快也症甚平順，可喜．崔濟亨來宿，得梁倅答書.
- 二十一日辛丑　快也痘粒，可謂稀踈，別無雜症，可喜．密陽孫先達台永過訪，內子夜痛膝，狂叫福，觸寒支節不仁，可悶．英婢一所生男又痛.
- 二十二日壬寅　福兒不能運動，可悶．內子又痛，快也起脹啟食去益甚，悶悶．青粧曆自京來，借肝谷驛，付書于梁衙.
- 二十三日癸卯　福兒腰下不能屈伸，悶悶．快也面部盡膿．昏微雨.
- 二十四日甲辰　送天休于府邸，問藥，試用於福兒，快也面部有黃色，福兒服榮衛返魂湯一貼.
- 二十五日乙巳　福兒似有差漸，快也貫膿善食，可幸．得梁倅答書，遺三十斤鐵，福兒服二貼.
- 二十六日丙午　福兒漸有差完之漸，可喜．快也始有收靨意，可喜.
- 二十七日丁未　福兒始運動行步．是日，服一貼，再煎服一貼，快也言笑如平時.
- 二十八日甲申　福兒八見，快也臥忽起迎，欣喜相對，亦一奇觀.
- 二十九日己酉　福兒漸健，快也亦善飮食，可喜.
- 三十日庚戌　本倅饋肉書問，與尹而得有守歲之約，馳往華山，主人欣迎，還送人馬，或棊或話，足破幽盍．是日，風而寒，青魚一尾至十餘錢，挽近所來見者也.

竹塢日記

1811

순조 11, 辛未

【正月 小】

• 初一日辛亥　清, 留華山尹龍見所, 棊酒消日. 朴乃甫及其族人二人來訪. 雇奴張貴孫出去, 李先奉代爲雇奴, 卽鳴昌季叔也.

• 初二日壬子　借乘過訪許權, 問痘藥. 入見主倅, 借覽邸報, 名昌牽騾來迎於府邸, 疾馳而歸, 夜欲乙矣. 福兒不善調攝, 尙不如向日, 快也漸健, 又快又發瘢.

• 初三日癸丑　食後, 往候仁同族兄. 往拜花庵先隴, 卽歸.

• 初四日甲寅　福兒向減, 可喜. 崔濟亨向梁山, 付書李郡守景學. 昏, 英婢二所生女物故, 挈其男, 移接于萬得家.

• 初五日乙卯　往話宗宅, 順天車生來訪. 是日稍寒, 金世三爲雇奴, 曾已服役者十年, 又雇一年, 其人之淳良, 可知. 今年又入役.

- 初六日丙辰　寒, 看漢書.
- 初七日丁巳　快也出草堂游戲, 又快纔脹卽痂, 可喜.
- 初八日戊午　遣人甲山, 將迎春於白蓮社, 書告崔進士景至, 又書問良洞李上舍士溫.
- 初九日己未　得忠州李正言南圭書, 方在虞服中, (贈)三曆見贈.
- 初十日庚申　發向白蓮書社, 暫憩鵲洞, 宿張昌祚所.
- 十一日辛酉　張南昊亦從余偕行, 歷訪李沂於彦陽城下, 方爲功曺, 得一壺紅露, 抵障川寺. 聞崔景至已到, 步踰鹿門, 主人乃苦待, 亦携旨酒來, 贈余五律一首. 使詩僧又拈李孫谷集中韻, 得題字, 夜觀優戲.
- 十二日壬戌　景至又和贈五律, 吟題字七律一首, 余亦和贈. 食後發歸, 殊可悵也. 拜鵲洞先塋而歸.
- 十三日癸亥　特又二兒痘憂, 出場始用巫送神. 略備酒肴, 招邀隣人, 仁同族兄來臨, 禿登從兄亦來, 自晡至夜雨.
- 十四日甲子　乍雨. 肇源家人馬來, 其祖父進士公病革故也.
- 十五日乙丑　乍晴. 送豆兒於花菴, 看埋楮, 鵲洞契員來, 子成姪亦來宿肇源. 早食後發歸, 南進士訃音來, 蓋以十三日不淑云.
- 十六日丙寅　日氣稍暖, 似有春意.
- 十七日丁卯　聞本倅歷西倉, 馳往見之. 過訪朴子儀, 往候從兄於光靑, 仍留話. 金景夏·金以綱携酒來話.
- 十八日戊辰　早朝歸, 孝吾來訪.
- 十九日己巳　安先達基仁與其父景源來. 昨年, 中道試聽倡歌, 觀優戲, 午後去.
- 二十日庚午　遣人龜尾, 指日, 定內行半程. 因竹院便, 付書來進查家.

- 二十一日辛未　渭得來留.
- 二十二日壬申　解顔伻來, 渭得讀通二.
- 二十三日癸酉　早食後, 往唁族人李哀忠汝, 出外不見, 哭几筵, 歷唁金喪人. 訪再從妹[卽惠仲妹], 歸路看花庵, 午還.
- 二十四日甲戌　稍有春意, 末三奴自龜尾歸, 內行明將發去, 以彼處有年壯未疫, 且村閭不淨云, 故內行中止.
- 二十五日乙亥　解顔伻歸, 周南族人五員過訪, 得本倅書, 臘政都目及邸報具借, 崔龍秀來宿.
- 二十六日丙子　往看花庵而歸. 崔龍秀第三子來宿, 夜微雨.
- 二十七日丁丑　朝, 見前山雪白.
- 二十八日戊寅　春意漸生, 或有飜耕, 玉姪來宿.
- 二十九日己卯　自夜大風, 終日不止, 欲發永陽, 不得已而停行. 玉姪留, 夢具襄服, 吊普門南上舍丈, 可恠.

【二月 小】

- 初一日庚辰　玉姪歸, 風而寒, 午後風少止, 夜又大風, 夢見直春倅李柬卿.
- 初二日辛巳　風乍止, 日稍煖, 撰祭聘母文.
- 初三日壬午　發向永陽. 午, 憩萬里城店, 宿遠洞李上舍所.
- 初四日癸未　風而寒. 唁普門南哀鳴應·時應, 哀養妣終祥亦在明, 唁之, 歷訪李上舍洪甫, 抵甲湖, 安汝已先去, 宿根姪所.
- 初五日甲申　午後, 往宿玉山書院, 黃仲叟爲院貳.
- 初六日乙酉　早食後發行, 午, 抵龜尾. 賓客煩亂, 昏致奠, 宿五懷堂, 往哭鄭丈一鑽氏.

- 初七日丙戌　朝，哭鄭成之·鵬之，晚食後發行，李景鑽氏·次野·權安汝偕行，行十里，遇有朋負祭物，而盖中道病滯而然也. 携一壺紅露，路隅酌飮，至定惠寺又飮，次野醉倒，行到山臺前，別景鑽氏. 抵甲湖，日已曛矣. 普門南君亦來，姊氏李仲堅及其弟致洪同宿.
- 初八日丁亥　曉，叅從嫂禫祀，五六客來. 朝後，問孫文五親病，卽發. 午，秣朝驛，暮抵道溪，診族君君友病客任和之所.
- 初九日戊子　歸家，日過午矣.
- 初十日己丑　磬池再從兄來宿.
- 十一日庚寅　先考忌辰，齎泣.
- 十二日辛卯　往看花庵，晡歸，看東坡詩，始種蒜.
- 十三日壬辰　看東坡詩.
- 十四日癸巳　朝後入府，見本倅，出饋酒食，歸家，夜欲乙矣. 微雨.
- 十五日甲午　曉雨止.
- 十六日乙未　看蘇詩，通信使上使金履喬·副李勉求今月十二日發行云，民間騷擾.
- 十七日丙申　朴殷春見訪.
- 十八日丁酉　看蘇詩. 近日，日氣不佳.
- 十九日戊戌　往花庵，坐竹塢，繙閱書籍，撰南上舍丈挽詞.
- 二十日己亥　風而寒，崔濟亨見訪，朴子儀過訪.
- 二十一日庚子　因寒，看杜律. 惠景宮患候平復後，頒赦於正月卄八日，赦文今日始到，廷試定行于來月十八日云.
- 二十二日辛丑　日氣稍和.

- 二十三日壬寅　信使今廿五入永川，與永慶親知約會同觀，今日發行，投宿龍山書院，有司崔致亮及崔望三·崔正言仲韞同宿.
- 二十四日癸卯　崔穉玉朝來，食後偕行，歷入栗洞孫仲雍所，已發去，携孫仲陽同去，秣乾川店，投道洞安氏溪亭，宿客多會．訪安丈琢之氏，良洞李丈公亮氏亦來，徧弔有喪者數處，來宿溪亭.
- 二十五日甲辰　食後，老少合十餘人，或騎或步，登永陽治後麓，觀信行，別無可觀．人物多會，挽近初見，午後又宿道洞.
- 二十六日乙巳　晚食後，携同志十餘人，更觀朝陽閣下．安上舍潤汝市蟹沽酒．近午，發向甲湖，秣李弗店．投安汝所，日欲曛.
- 二十七日丙午　食後發行，至月城邸．聞良洞諸友出觀城西，馳往，遇崔子成於道隅，携去，老少親知齊會沙邊．昏，二信使入，威儀稍勝於永陽．夜，宿城內孫仲雍舍館.
- 二十八日丁未　信使登南門，食後發歸，秣鉤魚店．暮歸，來進查兄來留，已日矣.
- 二十九日戊申　食後，與查兄及諸子侄，往觀龍塘，正使宿西倉．副使宿朴子雲所，左右親知多會，沽酒肴及餅，供之．梁山倅李泰淳來卿適到，穩話半日．晡，信使入携查兄而歸.

【三月 大】

- 初一日己酉　又與查兄偕往龍塘，欲見密陽諸親知矣．皆已發去，惟李中美·金性源留焉． 聞磻溪族兄兄弟留塘下金院長所， 馳往已發歸矣．往楡村，弔新里族叔，午飯於孫應默所，歸路入龍塘，携查兄而歸. 是日稍寒.

• 初二日庚戌　拜磻溪. 族兄兄弟, 來訪於草堂.

• 初三日辛亥　撰南上舍祭文.

• 初四日壬子　李中美來宿.

• 初五日癸丑　微雨乍止, 惜不霑足, 李中美留.

• 初六日甲寅　李中美歸, 來看花庵, 杜鵑方發, 杞叢已靑, 午歸.

• 初七日乙卯　桐厓南丈[進士]葬禮, 定行於今初九, 發向, 歷訪本倅, 饋午飯, 又進二盃旨酒, 宿尹龍見所, 翌朝, 借尹上舍而得寫挽幅及祭文.

• 初八日丙辰　風, 午秣朝驛, 抵普門, 與崔正言仲韞·孫大瞻·崔仲約[其餘不可記]同宿. (黎明隨喪, 至墓所, 見下棺. 與李上舍望道·崔郵仁簡, 朝飯于排盤崔景八所, 卽發行, 歷) 發行, 道遇寒泉族兄元則氏, 暫話. 歷訪新踏, 又訪池塘. 聞朴乃甫喪子, 寓接于朴善之所, 往唁. 尹龍已來, 與之偕來其家而宿.

• 初九日丁巳　黎明隨喪, 下棺後, 與李望道·崔仁簡, 朝飯于排盤崔景八所.

• 初十日戊午　朴善之來訪, 暫憩府邸, 秣馬, 午後歸. 特快口內浮脹, 右頰有腫氣, 可悶. 借靑泉海游錄於李奭彪.

• 十一日己未　看申靑泉海游錄, 來看花庵曬稻, 將用於工匠粮米也. 晡歸. 慶州崔仁樂·孫　·鄭台五·山坮李樹國·舊營旨崔宗杓·永川徐乃實·馬洞金　及卜直一名將觀萊山信行, 列坐栗林, 或入溪社, 四客夕飯于吾家. 昏, 偕往溪社, 暫話而歸.

• 十二日庚申　自夜雨, 終日不止. 午, 出見諸客於溪社, 徐友.

• 十三日辛酉　徐友發足病, 與鄭喆甫留, 其餘皆去. 始花庵修粧之役, 木手二名先來, 晡歸. 任乃經兄弟來. 昏, 出見徐友, 朔男母以時疾不起.

• 十四日壬戌　徐友病差, 朝飯于吾家, 諸客皆去, 來看花庵. (道溪任乃經)

• 十五日癸亥　老奴時山不起, 時年八十八, 此乃舊物, 巋然獨在, 今焉已矣. 不覺涕無從也. 昨以一襲衣, 衣之, 渠亦感歎云. 以其疾可疑故, 不得臨訣, 尤可歎也. 近午, 與學兼來看花庵, 磻溪從兄出寓捧日菴, 木手金有世來.

• 十六日甲子　福漢上學, 來看花庵.

• 十七日乙丑　來看花庵, 午後, 亂雪飛揚, 恰似冬日. 遙望雲門, 山色皓白, 長興二客來宿, 日氣如冬.

• 十八日丙寅　來看花庵, 看八域誌. 午後雪微下. 善山仙橋康碩士來宿, 是日稍寒.

• 十九日丁卯　朝, 星州客三員來飯而去. 來看花庵, 崔翰如氏及他四人來訪. 不及見去. 豆兒追至五福店, 沽酒及飯以送之云.

• 二十日戊辰　看花庵而歸. 崔敬若兄弟及其族叔一員已來待, 仍與留話, 夜風.

• 二十一日己巳　與客步上花庵, 烹狗煮花, 及暮乃歸. 夜微雨. 木手朴德來朝來.

• 二十二日庚午　乍雨乍止. 午, 三客歸.

• 二十三日辛未　來留花庵.

• 二十四日壬申　看朱書.

• 二十五日癸酉　終日微雨, 午後乍止, 惜不霑足.

• 二十六日甲戌　晡歸. 同女染疾, 送之椒井其父家云.

• 二十七日乙亥　來看花庵而歸. 甲山族孫曰壽來, 族姪季能終祥在明日. 製祭文, 致奠.

• 二十八日丙子　來看花庵, 眞·大二兒及曰壽·任童來觀新屋. 學兼長女與來進洪魯卿約婚. 今日送日仵, 修書于査家.

• 二十九日丁丑　曰壽以村閭之不淨，不得留做而歸．行未十餘里，雨注，終日不止．仁同族兄，自雲興來，留溪社．

• 三十日戊寅　終日微雨．朔男家繼痛者三，使之出去椒井，出見仁同族兄於溪社．

【閏三月 小】

• 初一日己卯　微雨乍止．

• 初二日庚辰　來留花庵，樓廳成軒敞，可喜．

• 初三日辛巳　豆兒率福漢來，貿得黃魚，膾炙而食之，且饋工匠．二兒歸，鋸匠夕來．

• 初四日壬午　僧徒入役，踏泥緩壁．治匠來，鋸刀匠安哥夕來．去年，未役者，使僧徒沈醬．

• 初五日癸未　惠仲從來，局內各人及僧徒入役．移舊室於樓西，開大門址於午方，鑿而築之，暮歸．李元已女染痛，可悶．

• 初六日甲申　送豆兒於龜尾，聘母禫祀在今初九故也．晚食後，來花庵，安元應及嚴錫憲·尹　歷訪．(夜，借僧俗) 夜借僧俗，築踏門址．

• 初七日乙酉　朴德來以亏弗壇修理事，自官差役而去．余去月城，復德來役三日云．

• 初八日丙戌　泥匠來，始塗堅東廊．

• 初九日丁亥　朝後雨下．僧徒踏泥，子成姪過訪．

• 初十日戊子　竟夜雨注，溪水大漲，朝乍止．夢拜先妣，似於排盤村前，霣泣曷極．借局內諸人，踏泥輸納，塗西廊．曛，舜兪過訪．

• 十一日己丑　終日陰霏. 嚴錫憲來宿, 鋸匠去.

• 十二日庚寅　晴, 嚴生將向凝川, 盖査兄所請, 而余勸送者也. 大·眞·福三兒來, 考講二兒, 午飯後歸. 聞宜春倅訪余, 至峴西歧路, 聞余在山而歸云, 可悵.

• 十三日辛卯　晩食後, 發向良洞, 盖李台　賜祭, 在今十五日故也. 至朝驛店, 日欲沒, 止宿. 昏雨, 竟夜不止.

• 十四日壬辰　雨勢乍微. 發行, 至慶洲店. 朝飯, 抵甲湖. 點心後, 向良洞, 溪水大漲, 投李伯心所. 止淵翁先到, 咸昌李永運際可以差官同宿. 往見李台家諸哀, 拜几筵而來, 留伯心所.

• 十五日癸巳　河陽倅李龜星彝敍, 亦以差官來. 午後, 禮官愼必復來到, 見行祀宴. 賓與咸河二倅同宿, 盖爲主人苦挽. 且際可阻餘, 不欲別固, 與約會玉山書院, 同話.

• 十六日甲午　見沙谷姊氏. 午飯後, 往玉山書院, 河陽倅發去, 咸昌倅李漢宝·李望道·李伯心·李次野·李在厚·咸倅侄爲伯心婿者亦來, 夜穩話.

• 十七日乙未　別諸友, 歷訪李上舍述賢氏. 又歷見金稺瑞, 良洞諸友亦到, 暫話而發. 抵甲湖, 金溪金士吉·李次野亦來, 栗洞二孫君繼至, 李上舍仲謙偕來留宿.

• 十八日丙申　以翰契物, 沽酒烹狗, 終日團話. 午後, 雨勢乍止. 李仲謙方帶都訓長, 育英齋設白日場於明日, 以雨將退, 故不得已先發, 是日. 午前雨注, 溪水微漲.

• 十九日丁酉　與栗洞二孫君, 發行, 抵汶亭. 李仲謙留待, 與柳碩士相翼向普門, 歷訪崔退謙, 抵南哀鳴應所. 南士鳴迎壻, 携諸友, 往覓酒食. (往留李上舍洪甫所, 止淵翁·申祖謙) 宿南哀時應所.

• 二十日戊戌　與止淵翁·申祖謙，留宿於李上舍洪甫所，穩話．育英齋白場退定於卄二日，故不得已留此．蓋諸長老苦挽，不可恝然也．還送驟子，欲使豆兒來見，卄二日白場故也．

• 二十一日己亥　午飯於震應所，與南臺丈，抵汶亭．任質甫已至，申祖謙繼到．與李仲謙·祖謙玩月城，李伯心亦來，李望道·次野亦來同話．豆兒來謁於月城，使之往宿舊黃龍崔漆原所．慶尹以今日所選詩賦百韻，古風十韻，明將試白場．

• 二十二日庚子　設場於隔溪柳下沙邊，本倅出題，封送賦．閏月詩麥秋至，午後，設席於校後，設樂呼中，豆兒亦叅，李士溫·漢宝朝來，余辭避考試，止淵翁及諸友爲之．

• 二十三日辛丑　別諸長老與李士溫·望道·翰宝·仲謙，入城內孫仲雍舍館，豆兒已入場．題則得天下英才而教育之一樂．余自外述一首，漢宝寫之，仲謙·望道亦各述一首．余又呼一首．俄聞豆兒呈一天．午後，別諸友．與仲謙，至其村前，余苦仲謙之醉，中途欲拂去．仲謙追至苦挽，入宿其家．

• 二十四日壬寅　午飯于道溪任乃經所，晡歸．村中沴氣不熄，可悶．

• 二十五日癸卯　食後往花庵，東廊廳與壁已成，始造正堂退廳，晡歸．豆兒自月城歸，果叅慶尹白場第三，可喜．歷候宗宅．

• 二十六日甲辰　來留花庵，朴道求來訪．

• 二十七日乙巳　晡歸松亭，族人盲者求丐之行，來宿．折草．李元巳妻以癘疾不起．安履行及其族人寓居梁山者來訪．午後，始門間役，大·眞·天休塗東廊窓戶．

• 二十八日丙午　近午，微雨乍止．(李元巳妻) 携福兒來留花庵，送豆兒於來進，以其妻弟婚日在來月初二日故也．

• 二十九日丁未　大·眞二兒與二任童, 任童以沴氣不得留做, 使之還送.

【四月 大】

• 初一日戊申　立門間, 日氣稍熱.

• 初二日己酉　崔濟亨來訪, 崔龍秀見訪[濟亨之父也].

• 初三日庚戌　尹　來訪.

• 初四日辛亥　午後雨.

• 初五日壬子　終日微雨. 看朱書. 夜, 雨勢稍緊.

• 初六日癸丑　微雨乍止. 抄錄朱書章句, 病馬自來進來.

• 初七日甲寅　崔·李二匠被兵營捉去, 金有世亦歸, 余携福兒歸.

• 初八日乙卯　雇奴痛臥已數日, 似是疑症, 可悶.

• 初九日丙辰　祖考諱日, 以陰氣之故, 只行飯享, 雇奴出送.

• 初十日丁巳　考講兒輩. 木手崔有得·李云三送花庵. 午後, 携福兒來花庵.

• 十一日戊午　豆兒自來進來,　謁族人心應·安內從萊伯氏及其姪內.　回夜, 二尹·嚴錫憲·金光孝來訪, 供午飯. 木手金有瑞午來, 朴子儀昏來宿.

• 十二日己未　城邮從兄·族人長源及金生以綱來訪, 雇奴不起云, 慘矣慘矣. 盖瓦西廊.

• 十三日庚申　先送大·眞二兒及福漢于花庵. 午, 歷哭安元應從弟葬所, 來坐竹塢. 青松權上舍以復來宿. 龍堂張弁來考課劵而去. 得李上舍仲謙書. 權上舍自龍山書院來, 傳文會設行于望日, 要余同游. 送豆兒于甲山.

- 十四日辛酉　回夜, 諸人自葬所過訪.
- 十五日壬戌　木手朴德來晌自亏壇始來. 昏, 雨點微下. 借雲興僧徒, 運瓦. 大·眞二兒始綴字.
- 十六日癸亥　青松僧十六名來役, 結散子於門間上瓦. 晌, 放送. 天休來言, 好德痛已數日, 不勝驚慮.
- 十七日甲子　崔濟元來訪. 近午, 微雨大注, 至夜. 渭得歸去云.
- 十八日乙丑　晴. 午後歸, 豆兒自甲山歸. 曰壽及二任童偕來. 又快痛火丹, 可悶. 始移秧.
- 十九日丙寅　又快病, 問卜, 似有土祟, 用巫覡防之. 以隣癘之故, 出寓東隣. 余宿宗宅, 豆兒·曰也二任童送花庵.
- 二十日丁卯　又快病未快, 悶悶. 余來留花庵, 送豆兒看兒病. 特快亦痛, 似是痁疾, 東廊退廳成.
- 二十一日戊辰　豆兒來, 又快病無減云, 可悶. 又送豆兒, 看護學兼, 遣人于其查家, 付書查家.
- 二十二日己巳　特也間日又痛云, 似是鱉腹, 可悶. 又快病甚, 奈何. 送大漢于家, 使之遣人問醫.
- 二十三日庚午　豆兒與天休來. 豆兒歸. 好德無事退慭云.
- 二十四日辛未　豆兒來, 特也連痛鱉腹. 又快用許醫, 似有其效云.
- 二十五日壬申　解顔伻來, 送豆兒於家, 治送之. 西樓西南軒成. 夜雨. 天休自新庚過, 聞偸兒乘時窺覘.
- 二十六日癸酉　雨終日.
- 二十七日甲戌　晴. 豆兒來, 特也仍成鱉腹云, 可悶. 又快漸差, 可喜. 朴道恒來見.
- 二十八日乙亥　稍有夏意. 崔濟亨·辛應, 來考課軸, 晡歸. 特也痛鱉乍起, 而又快孩笑如舊. 福兒亦隨余歸, 宿學兼外室. 崔有得借一日之暇, 歸其家, 移秧, 翌朝來.

• 二十九日丙子　入本家, 閱視什物. 偸兒連夜出沒云. 豆兒馱福兒往花庵, 余亦午後上來, 豆兒歸. 李厚時數日前又痛云.

• 三十日丁丑　點雨乍止. 豆兒來. 冠童五六人散送村家, 盖欲抒炊僧之力, 使之丐麥也. 看太平廣記.

【五月 小】

• 初一日戊寅　曰壽持課券來考. 今年好雨知時, 大野一時移秧, 雖高卬之畝, 無不種之, 咸曰豊兆. 是日稍熱.

• 初二日己卯　點雨乍止. 金有瑞朝食後歸. 大漢來考課券, 福兒隨去.

• 初三日庚辰　乍雨卽止. 金有瑞午前來, 福兒朝後來. 任童來考課券.

• 初四日辛巳　健也來考課券.

• 初五日壬午　工匠假百之暇. 朴德來·崔有得去, 李云三昨夕去, 今午來. 是日, 自曉微雨, 午後乍晴. 木手李震太來, 昨年某建相也. 使造西樓閣檻, 眞漢來考課券.

• 初六日癸未　朴德來晩朝來, 崔有得過午始來, 永川金·崔二生欲做於此而來見. 姑送于石塘. 張弁及片坪族君來考課券, 曰壽來考課券. 晡, 微雨竟夜.

• 初七日甲申　終日雨, 至晡乍注, 川渠漲溢. 末奴持書徒課券來.

• 初八日乙酉　終日微雨. 走草二篇賦, 示書徒.

• 初九日丙戌　西樓檻成, 李震太食後去. 聞內眷昨已撤寓, 而特也鱉腹未快,可悶. 終日, 微雨不止.

•初十日丁亥　終日大注. 近以痔症, 搔癢難堪, 悶悶. 卜萬來, 捉狗, 供工匠.

•十一日戊子　雨勢少止, 濃霧四塞, 川渠大漲. 有得食後去, 夕來.

•十二日己丑　惠仲來, 率去福兒. 晡, 微雨乍止. 鋸刀匠鄭哥來. 晌, 始役樓底, 繕作庫舍, 今午訖功. 豆兒來見而去. 二任童來考課軸, 巡營節扇來.

•十三日庚　清, 木手李云三夕去. 二任童來考課劵. 天休過訪, 李云三朝食後來.

•十四日辛卯　借局內僧俗, 盖瓦門間, 盖瓦匠朝來夕去, 夕訖役. 晡微雨.

•十五日壬辰　又借僧俗, 毁西廊拓基, 聖紀來看, 晡去. 微雨, 至夜大風. 聞末三奴妻痛云. 治匠午前來, 治匠食後來.

•十六日癸巳　清, 豆·眞·大三兒及得也·二任童來考課劵, 治匠暮去.

•十七日甲午　崔濟亨弟來考課劵, 朴殷春亦來暮去.

•十八日乙未　天休過訪, 學兼亦訪, 午後雨.

•十九日丙申　終日微雨, 昏大注.

•二十日丁酉　晴. 任童持課軸來, 豆兒亦來謁. 是日, 福兒生朝, 家人送酒肴, 聘翁諱辰在今念四, 裁書付豆兒. 明日, 使之遣使, 豆兒携福兒去. 夜, 借局內人築址.

•二十一日戊戌　嚴幸宗·朴道求·永陽崔·金兩生來考課劵而去. 訖門間役, 始庫舍, 是日稍熱.

•二十二日己亥　午, 立庫舍, 豆兒携福兒來. 任和之來宿. 午, 朴開彦來考課劵而去. 得來進査家書.

•二十三日庚子　申時, 立門間.

•二十四日辛丑　(鷄初鳴, 雨下, 午後乍止. 聖紀·惠仲來, 烹狗沽酒, 而今始造退廳杜廚）豆兒携天休及諸童來此，製逑日課，是日大風.

•二十五日壬寅　鷄初鳴，雨下，午後乍止．聖紀·惠仲來，烹狗對喫．卜萬自龜尾歸．得行玉兄弟書，安汝病甚喪性云，可歎．根若姪以痘，哭其仲男云，慘矣．午，鋸匠來，李厚時以塗壂次來.

•二十六日癸卯　書徒會做於西樓，李景灝來訪，厚時始土役，房中所杜廚成，在於西窓，西廚之南.

•二十七日甲辰　書徒又來做.

•二十八日乙巳　任童來考課券，騾子來，而以痔症不能歸．是日，午微雨，昏亦如之.

•二十九日丙午　朝，微雨卽止．借葉下十三人，運瓦，結散子，惠仲來看而去．鴿原契杜廚，成置于東廊廳，大漢持騾子來，暮歸．洪郎[學秉壻]來見.

【六月 大】

•初一日丁未　痔症更發．出題試冠童．豊德金大鎭來謁，嘗於厚齋從游，愛其聰慧，留與飮食，敎小學詩傳，能逑功令文，情頗親熟，今隨其兄貿米之船，泊于東萊求朴津，來見，不覺欣倒．鋸刀匠夕來本家，翌鋸片木.

•初二日戊申　大鎭留，與穩話.

•初三日己酉　(携冠童及大鎭，來游花庵，聲池再從兄亦自京中來，暮歸）午後來花庵，聲池從兄亦自京中來，鋸刀匠自石川來.

•初四日庚戌　冠童及福兒·金大鎭來花庵，出題試冠童．暮，與之俱歸.

• 初五日辛亥　聖紀晬日，略備酒肴．禿登再從兄昨夜來宿．

• 初六日壬子　洪郞歸，食後來花庵．

• 初七日癸丑　大鎭歸，備送人馬，族人潤伯來．

• 初八日甲寅　潤伯留置草堂，與兒輩聯業，修書本倅．

• 初九日乙卯　微雨．晡歸家，得本倅答書，治匠李哥來．

• 初十日丙辰　食後來花庵，備牛酒，侑工匠，午後放送．隣洞人多會，聖紀·惠仲亦來，書徒來游而去．城邨從兄來宿．

• 十一日丁巳　城村從兄去．朴子雲·子儀及張弁·朴開彦來訪．

• 十二日戊午　大漢持騍來，暮歸．

• 十三日己未　(食後來花庵，聲池從兄歸) 午前雨，惠仲與學兼往前川．穉玉夜歸，潤伯歸，朴開彦留做．

• 十四日庚申　食後來花庵，遇聲池從兄於道．坐樓，城村從兄繼至，午飯後歸．驟雨乍過．朴開彦以病告歸．

• 十五日辛酉　山長金仲瞻來留溪社，城邨從·聲池從兄·諸族人會話，仍宿踐實齋，清爽可喜．午，驟雨乍過．

• 十六日壬戌　午後，山長歸，聲池從兄歸．潤伯來，嚴文彪來，與從兄留宿溪社．

• 十七日癸亥　從兄早食後，往看本宅而來．外光二鄭君來訪，開接于溪社．(仍留)夕，與從兄入來．

• 十八日甲子　磻溪族兄近以黃疸之症，(出寓溪社)用湯劑．與從兄留話草堂．

• 十九日乙丑　磻溪翁出寓溪社，與從兄往話終日．

• 二十日丙寅　從兄托以家事而歸，可悵．

• 二十一日丁卯　學兼家仵去來進云，故付書查家，出見磻溪翁於溪社．

• 二十二日戊辰　出溪社，慰磻溪病翁．近日，眞兒課篇，頗有可觀，可喜．

• 二十三日己巳　(芸水曰畢) 出見溪社. 是日, 頗淸爽, 頗有雨意, 而終不雨, 可歎.

• 二十四日庚午　(傭人, 刈牟草) 微雨卽止, 出見溪社, 貰人刈牟草.

• 二十五日辛未　(日熱太甚) 出見溪社.

• 二十六日壬申　微雨卽止, 望雨政切. 出見溪社.

• 二十七日癸酉　欲雨不雨, 乍霏卽杲.

• 二十八日甲戌　雨勢不止. 近午, 狂風忽至, 折木飛瓦, 屋後生沈, 柿中折, 黃流漲流, 須臾少止.

• 二十九日乙亥　驟雨忽過. 出見溪社, 書徒二篇課, 不合於意, 故走草二首, 以示書社.

• 三十日丙子　近午, 驟雨忽注. 鵲洞契員四人來, 略備酒肴, 午後散歸. 晡來花庵. 看鋪突, 崔濟亨來.

【七月 大】

• 初一日丁丑　溪社課劵來考. 崔濟亨兄弟歷訪.

• 初二日戊寅　午後歸, 坐溪社, 納凉朴道求及昌星洞金生, 昨來云.

• 初三日己卯　送末奴於甲山. 驟雨忽過. 豆兒病臥, 可悶.

• 初四日庚辰　李文叔來. 往候磻溪族兄, 病勢無減.

• 初五日辛巳　聖紀自花庵來, 盤子散子塡土訖功, 樓房已塗沙云. 眞兒近日課篇, 頗有可觀, 可喜.

• 初六日壬午　盖瓦庫舍. 大·眞二兒及任童, 持課劵來考而去. 是日朝, 余來花庵.

- 初七日癸未　畢盖庫舍及水門間. 通信使今月初二日歸, 泊萊海云. 始塗正間外壁.
- 初八日甲申　(食後冶匠來) 看杜詩批解. 末奴自甲山昨歸, 得甲山書柬.
- 初九日乙酉　午, 乍雨卽止. 食後, 冶匠來. 午, 木手崔有得亦來.
- 初十日丙戌　使有得繕牕戶於樓房. 夕, 送之東廊, 鋪堗.
- 十一日丁亥　曉, 雨注, 終日不止, 至夜大注. 看杜詩批解.
- 十二日戊子　曉, 雨勢少止, 川渠大漲. 數年來, 所未見者也. 今日乃生朝, 來留先壠之下, 尤倍悲痛, 家人送酒肴.
- 十三日己丑　午, 大注, 朴道求及金弁冒雨來, 方歸家云. 塗沙東廊.
- 十四日庚寅　曉, 大注近午, 午晴. 崔龍秀過訪.
- 十五日辛卯　淸. 朴德來繕樓門. 午後, 李厚時歸, 暮歸.
- 十六日壬辰　出見溪社, 書徒皆散. 惟潤伯·安履行在, 潤伯食於吾家.
- 十七日癸巳　雨. 傳餐書徒.
- 十八日甲午　(安履行去, 豆兒·潤伯往留花庵, 豆兒暮歸) 潤伯留做, 仍食於吾家, 夕入宿.
- 十九日乙未　(朝後, 崔景到舊堂, 且得委伻, 約余於茶山, 騎蹇驟, 投徐公佐所, 景至已先到. 夜, 宿茶山祠. 晚食後, 豆兒去花庵) 潤伯·豆兒往花庵. 豆兒暮歸.
- 二十日丙申　(與景至抵府邸, 李仁民安甫方帶首任出見, 入見主倅, 坐語. 移時出館所, 饋午飯) 別景至, 馳歸. (豆兒唁朴善之, 夜歸) 豆兒去花庵, 崔景至伻書, 約會于茶山, 騎蹇驟, 往會於徐公佐所. 夕, 宿茶山祠, 李厚時鑿堗石二日.
- 二十一日丁酉　(朝後雨, 豆兒去花庵) 與景至偕抵府邸, 首席族人安甫出見. 俄而入見主倅. 饋午飯, 別景至而歸. 豆兒唁朴戚善之, 是夜歸.

• 二十二日戊戌　豆兒及曰壽去花庵. 曛雨.

• 二十三日己亥　花庵小接課軸來.

• 二十四日庚子　城村從·委洞再從兄子成姪來, 其妻亦來, 以明日忌故故也. 甲山從姪家奴馬來邀曰壽.

• 二十五日辛丑　先考諱日, 不勝霣泣. 城村從兄留. 二兒去花庵, 略以酒肴, 饋書徒及僧俗. 二兒歸, 曰壽歸.

• 二十六日壬寅　診仁洞族兄. 別城村從兄. 先送豆·眞·大·福四兒, 特快亦隨來. 二任童昨來, 今去花庵. 來進李休慶喪配, 訃來. 借桶泉洞民, 運堗石.

• 二十七日癸卯　崔濟亨二弟來, 一去一留. 夜雨.

• 二十八日甲辰　晡, 雨勢少止. 使豆兒率特快而歸. 裁付來進查家唁書.

• 二十九日乙巳　聖紀·天休與嚴錫憲過此. 午, 驟雨忽過. 安履行來, 豆兒晚朝後亦來, 庫房鋪突.

• 三十日丙午　仍雨. 李厚時歸.

【八月 小】

• 初一日丁未　淸. 局內僧俗伐草墳墓, 往觀. 夜, 見醉人喧譁, 此亦豊年之像. 書徒俱散, 兒輩亦歸. 惟二任童往候磻翁而來留, 夜宿樓房, 淸爽可喜. 福兒亦去.

• 初二日戊申　大·眞二兒來. 任先之歷訪, 金性右昨夜暴死云. 夕, 豆兒來.

• 初三日己酉　自朝雨, 近午乍陽. 豆兒歸, 家人送紅友, 時飮, 可喜. 潤伯午後來.

•初四日庚戌 崔濟亨來, 騎騾而歸. 往診磻翁, 兒輩始製行文.

•初五日辛亥 李景善來宿, 往診磻翁.

•初六日壬子 三兒往花庵, 暮來. 曾祖妣諱辰, 診磻翁.

•初七日癸丑 診磻翁病. 率豆·大·眞·福四兒而來. 好得亦從天休而來. 潤伯方做四六, 已數日.

•初八日甲寅 朝後雨, 午後乍止.

•初九日乙卯 朝, 雨點微下乍晴. 朔男將葬其父, 今日開土, 饋祭需, 殺鷄供書徒. 送豆兒歸. 午後寒, 縮有頭痛.

•初十日丙辰 淸. 潤伯歸, 豆兒來. 先送豆兒, 備奠需, 將時山文. 朔男也·福也·好也·天休皆歸. 午後, 搆時山祭文草. 不覺涕淚已流. 昏, 馳往葬所, 酹而哭之, 人曰慟矣, 夜歸.

•十一日丁巳 (先送豆兒, 備奠需來, 將酹時山也. 福也·好也·天休歸, 草時山祭文, 不覺嗚咽淚下) 食後, 往診磻翁, 疾不可爲, 可歎. 午後, 又如大昨叫倒, 族人忠汝來訪. 夕, 又診磻翁. 豆兒與天休往花庵, 眞也·二任童來考課劵, 眞也留.

•十二日戊午 朝後, 診磻翁. 眞也·天休往花庵, 余亦騎騾來. 送豆兒診宗宅病. 二任童歸, 大·眞二兒偕去. 石川將之, 觀杜詩批解.

•十三日己未 豆兒及大·眞二兒來, 磻翁病革云, 可歎. 暮歸, 往診磻溪翁, 語澁氣昏. 問知我否, 則微開眼, 曰聖應, 更無一言.

•十四日庚申 磻溪翁, 寅時屬纊, 痛矣. 隣居二世, 便同一室人, 如此翁不可復得, 可惜, 亦可悼也. 往留喪側, 看護. 豆兒朝來, 二兒繼至. 午後, 又送留花庵.

•十五日辛酉 問喪賓客, 煩不勝記. 本倅移除星州牧, 李㒼自愼川郡移拜云. 大·眞二兒自花庵歸.

• 十六日壬戌　道溪任和之, 問喪之行, 來留.

• 十七日癸亥　成服後, 賓客皆散. 余亦來看花庵而歸. 舊倅書問, 饋肉, 豆兒亦來展先塋.

• 十八日甲子　自曉雨, 終日不止.

• 十九日乙丑　(自曉雨, 終日霏霏) 朝後少晴.

• 二十日丙寅　往看花庵而歸. 夕, 出見溪祉, 明日卽享祀, 齋儒多會.

• 二十一日丁卯　出見溪祉, 齋儒皆散. 惟山長留, 夕又往話.

• 二十二日戊辰　食後, 往見山長於溪祉. 來花庵, 豆兒與崔濟亨來宿於此. 豆兒歸, 崔生去. 厚時淨沙於正間後房.

• 二十三日己巳　厚時再沙於樓房.

• 二十四日庚午　豆兒持騾來, 余騎歸.

• 二十五日辛未　大·眞二兒往花庵, 摘柿栗而來. 午後, 豆兒自花庵歸.

• 二十六日壬申　曾祖考諱辰. 早朝, 送豆兒于來進, 洪郞偕行. 二任童來宿.

• 二十七日癸酉　晩食後, 騎騾來花庵. (早朝, 送豆兒于來進) 二任童來留花庵, 始讀小學.

• 二十八日甲戌　大·眞二兒與潤伯來. 潤伯留, 二兒歸.

• 二十九日乙亥　李慶灝及順天車碩士來訪. 晌, 余歸, 車生偕行, 至桶泉而別. 大·眞二亦隨來, 雇奴世三妻率幼來, 潤伯製儷文.

【九月 大】

• 初一日丙子　往見喪家, 地師嚴錫憲侍之不來, 喪人先去.

• 初二日丁丑　往見喪家, 葬日, 定于今廿二日. 安景億來訪.

• 初三日戊寅　往見喪家. 觀種麥于野. 順天車碩士過訪. 午後, 來花庵, 厚時昨來, 淨沙於正間.

• 初四日己卯　晌, 木手崔有得來, 庫舍西邊傾仄, 將支撑故也.

• 初五日庚辰　木手朴德來又邀來, 伐木支屋.

• 初六日辛巳　惠仲來, 朴德來去. 午後歸家, 城村從兄將埋亡子於明晡. 馳至坐如, 聞從兄在韓哥所, 歷拜, 先投榆谷, 留宿于蘆谷宅. 夜, 運屍往外山下, 將暗葬于村後云.

• 初七日壬午　曉, 與諸族黨馳往, 聞已入葬, 村民紛擾云. 余因馳至葬所, 善誘頑民, 從兄亦懇祈, 堇得安帖. 宗宅行斬祀於蓮畓, 歷見而歸. 二任童來, 豆·大·眞三兒與之, 偕往花庵.

• 初八日癸未　往看喪家. 來花庵, 福兒亦隨來, 眞兒不率, 敎責, 歸之家.

• 初九日甲申　晌, 歸. (眞)

• 初十日乙酉　送春宅于解顔姪女家. 食後來花庵, 借谷內諸人, 築墻, 塗樓間及門間. 豆兒與福兒歸, 朴開彦·嚴文彪來宿. 眞兒來花庵, 李厚時歸.

• 十一日丙戌　來進李丈國老氏, 望後就窀云. 故搆挽詞草, 晡歸. 大兒又歸.

• 十二日丁亥　往看喪家. 夜, 與校洞族兄暫話. 大兒往花庵.

• 十三日戊子　來花庵.

• 十四日己丑　晡歸. 豆·大·眞三兒亦歸. 族人心應來訪於花庵, 潤伯歸. 搆龍塘朴丈文應氏輓誄, 又搆朴開彦輓草. 李文叔來訪花庵.

• 十五日庚寅　巡使出旬題三首. 食後, 往看蓮畓山役處, 晡歸. 李武三子來請旬題. 朴東春·朴道求來訪, 潤伯來. 昏, 豆兒與之偕往花庵, 將製旬題. 夜雨大注. 朝, 往叅喪宅初祭.

• 十六日辛卯　朝雨止. 春宅自解顔歸. 食後來花庵, 看製營巡題, 大·眞二兒亦來.

- 十七日壬辰　潤伯歸, 代搆李文叔輓辭, 午後歸.
- 十八日癸巳　食後來花庵, 豆兒歸. 夜, 搆磻溪翁輓詞. 尹　來訪.
- 十九日甲午　夜, 搆磻溪翁祭文. 從兄今日爲窀窆之役, 送豆兒往見.
- 二十日乙未　晩食後歸, 問喪客煩不盡記. 尹上舍而得宿草堂. 夜, 致奠.
- 二十一日丙申　(晩)朝, 發引, 隨喪, 至上垈村前, 停柩, 蓮契致奠, 抵蓮畓, 日未晡. 夜, 與尹而得同宿.
- 二十二日丁酉　巳時下棺, 尹而得題主. 歸路訪亏壇齋舍役所. 泥匠朴哥自東萊來, 稱善手, 懇請來役于花庵. 訪龍塘朴丈文應氏, 尹而得·崔育汝先到, 仍與偕歸, 叅初虞祭. 尹而得留, 妹兄李仲堅來.
- 二十三日戊戌　與李仲堅·李孟堅, 往看花庵而歸. 諸客來會于溪社, 小酌而罷. 豆兒赴都會. 朝, 叅宗家再虞.
- 二十四日己亥　諸客皆歸, 李仲堅歸. 朝, 叅宗家三虞.
- 二十五日庚子　陰而寒.
- 二十六日辛丑　往看花庵而歸.
- 二十七日壬寅　朝, 叅宗家卒哭祭. (往還花庵)
- 二十八日癸卯　(曉)叅宗家(卒哭)祔祭.
- 二十九日甲辰　看聯芳集.
- 三十日乙巳　族弟周道來宿, 看磻溪文集, 送僮于甲山, 邀豆兒.

【十月 大】

- 初一日丙午　泥匠東萊朴哥來, 與之偕往花庵看役處, 周道先到, 瞻拜親塋而歸. 李武三亦來訪, 泥匠去. 朝, 叅宗家朔祭. 乍雨卽止. 張元燮來訪.

• 初二日丁未　朴子儀來, 將貿瓦, 偕往瓦所, 看運瓦.

• 初三日戊申　往花, 看土役而歸. 厚時朝去花庵.

• 初四日己酉　高祖妣忌辰. 曉, 將事于草堂, 豆兒歸, 送看花庵而歸. 厚時來.

• 初五日庚戌　往看花庵而歸.

• 初六日辛亥　雨, 終日霏霏. 福兒稍有知覺, 可喜.

• 初七日壬子　送豆兒, 看花庵. 往話宗宅.

• 初八日癸丑　往看花庵而歸.

• 初九日甲寅　往看花庵, 聖紀·豆兒·天休俱往. 借桶泉民, 掘墻運石, 暮歸.

• 初十日乙卯　午, 發向月城, 過茶山, 徐潤汝出迎於路隅, 入宿寓中. 夜, 走草祭井文, 是日稍寒.

• 十一日丙辰　歷訪任敬之. 午飯後, 宿李上舍仲謙所. 是日仍寒.

• 十二日丁巳　歷訪鴈池崔退謙, 投牟坪妹家, 留宿.

• 十三日戊午　食後, 徧訪曺村二老人. 抵甲湖, 權安汝病後傾, 迎孫哀文五, 是日迎婦, 來饋以酒肴, 鄭麟之適來同宿. 昏, 訪孫文五, 午, 孫孟初來訪.

• 十四日己未　食後, 與鄭麟之, 往孫文五所, 其查兄卽安璋重也. 對酌穩話而罷. 投書李次野, 約會. 李上舍伯心來訪.

• 十五日庚申　以翰契物, 宰犢膾鯉, 與李次野團樂. 李上舍士溫來與同游.

• 十六日辛酉　士溫·次野次第解携, 可悵.

• 十七日壬戌　往孫文五所, 穩話. 姪女親事, 牢決于聲池孫奎瑞第二子.

• 十八日癸亥　送權文吉於聲池, 孫世則及其再從過訪.

• 二十日乙丑　文吉受來四星. (孫世則及其再從過訪) 鎭日打稻, 爭進酒肴,稍有豊年之象. 使從姪涓吉, 卽來月卄七日也.

• 二十一日丙寅　留話安汝(宿根姪)所. 李羅應來, 吟七律一首, 贈安汝.

• 二十二日丁卯　朝, 疊昨韻, 贈李羅應.

• 二十三日戊辰　宿根姪所, 蚤食後發歸. 過五里藪, 方發軍毆虎, 危怖不可言. 午飯于普門南哀時應所, 宿道溪任乃經所.

• 二十四日己巳　朝飯于任和之所, 馳歸. 統營匠來, 留舍弟所, 年前來此者也.

• 二十五日庚午　往看花庵, 垣墻畫規西南, 頗有條理, 可喜.

• 二十六日辛未　送李厚時于花庵, 塗墍房壁. 送豆兒, 往看花庵而歸. 梧桐南翼及詩筒成, 將爲濟勝之具輕便, 可喜.

• 二十七日壬申　送日伻于聲池, 元則氏歸, 來看花庵, 統營匠來留庵. 十（惠仲, 以是訪來）塗窓戶墍壁堗, 暮歸.

• 二十八日癸酉　來看花庵而歸.

• 二十九日甲戌　來看花庵而歸. 午後微雨.

• 三十日乙亥　來花庵, (午後, 微雨乍止. 馳歸, 昏, 又雨夜止) 晡歸, 春宅自聲池歸, 厚時歸.

【十一月 小】

• 初一日丙子　來花庵, 借新基役丁五名, 修築庭場. 惠仲自光靑來宿. 暮歸. 厚時來.

• 初二日丁丑　來看花庵而歸. 改堗竹塢.

• 初三日戊寅　遣人甲山, 牽鬣者, 而盖根姪所請也. 聞夜夜星鬪, 可怪. 來看花庵.

- 初四日己卯 遣春宅於解顔，來看花庵，看蓮畓半分於新基，暮歸．午後，微雨乍止，稍寒夜風．昨夜，竹塢竈火，衝燒西窓，幾乎失火，賴老僧[定澄]覺悟而救之．
- 初五日庚辰 夜，挑燈看書．
- 初六日辛巳 夜，看宋鑑．
- 初七日壬午 來看花庵，潤伯來．先送騾子，將邀溪祠，山長與潤伯步歸．
- 初八日癸未 朝，薦豆粥於先廟，潤伯歸．出見山長金仲雍，往看花庵而歸．夜電．聞海上人言，則且有雷震之聲云．
- 初九日甲申 出見山長，齒痛大發，悶悶．
- 初十日乙酉 看宋鑑，朴殷春來宿，夜雨．
- 十一日丙戌 朝雨止．晡，來留花庵，有一僧年七十六，而癯然如瘦鶴，卽有仁僧師也．留與夜話．
- 十二日丁亥 看宋鑑，竹塢幽靜，可喜．看埋楮．
- 十三日戊子 乍雨卽止．豆兒來留庵中，余則歸．
- 十四日己丑 遣人解顔，長姪女將邀，來看婚禮．是日寒甚，池塘從兄來宿，夜雪翌止．
- 十五日庚寅 風而寒，冷症大發，悶悶．
- 十六日辛卯 寒甚，溪前氷合，冷症不差，甚悶．
- 十七日壬辰 冷症少減．
- 十八日癸巳 往看花庵，杜廚成．
- 十九日甲午 往看花庵，統營匠來宿．(人自解顔歸，定半程行廿三日)
- 二十日乙未 金武三來見．(人自解顔歸，約以廿三日，定半程于大川) 人自解顔歸，定半程於廿三日．
- 二十一日丙申 (使豆兒，持二馬四僮，往大川，將邀伯姪女於半程) 往看花庵而歸. 筆工張生來宿.

• 二十二日丁酉　豆兒備僮四馬二, 往邀解顔半程於大川店, 椒井無去來族叔母不淑.

• 二十三日戊戌　從姪種敏小祥在明日, 往哭, 歷唁椒井, 暮歸. 根若姪來, 天休將娶金宗默女, 力禁不得, 可痛.

• 二十四日己亥　根若往唁廣靑而歸.

• 二十五日庚子　邀來鄭戚龍甲, 借其手執饌. 朝, 往看花庵, 使僧徒, 運來杜廚. 是日稍寒, 豆兒歸. 半程以兒病中止. 天休竟爲金家郞, 不覺寒心.

• 二十六日辛丑　幣使來宿松月家.

• 二十七日壬寅　淸而溫. 賓客煩不能記. (午前醮行) 朝, 納幣. 午前, 醮行. 抵溪社. 晡, 行巹盃禮, 上客卽郞之伯.

• 二十八日癸卯　與客來游花庵, 根姪·惠從·鄭君偕來. 炙肉與酒, 頗有風味. 福兒亦隨來暮歸, 夜設小酌.

• 二十九日甲辰　客歸, 使春宅, 持餪饌而去.

〖十二月 大〗

• 初一日乙巳　根若省墓, 各處來留, 竹塢幽靜, 可喜. 天休自新庚過訪, 樓房推牕成, 明朗, 可喜.

• 初二日丙午　豆·大·眞三兒及天休來, 考講大·眞二兒. 夜雨. 郭希顔來云.

• 初三日丁未　乍雨乍止. 希顔與豆兒來, 留與穩話.

• 初四日戊申　希顔·豆兒午後歸. 夜, 看杜詩.

• 初五日己酉　豆兒來見而去. 統營匠去石川, 樓房牕戶改繕, 卽統匠手精妙, 可喜.

• 初六日庚戌　早食後歸, 聲池伻歸. 凡節頗不如意. 二任童初二日來, 留讀冊室.

• 初七日辛亥　與根姪·惠從來花庵, 根姪向新庚, 惠從歸, 希顔歸, 統營匠罷歸.

• 初八日壬子　天休·得也來, 塗壁.

• 初九日癸丑　雲陰. 看磻翁詩稿, 朴起彦來訪, 豆兒偕來.

• 初十日甲寅　根姪來, 與之偕歸, 朴開彦明日將迎婦, 來請余及內子.

• 十一日乙卯　豆兒陪其母氏, 往龍塘.

• 十二日丙辰　甲山伻急來, 權君行玉昨日辰時不淑, 此何變也. 其人與才, 可惜. 自十五歲, 來學於余, 視若親子, 斯人至斯, 痛哉痛哉, 慘哉慘哉. 因廢食委頓, 不能定情, 使豆兒邀來內子, 昏而抵. 是日, 根姪發歸.

• 十三日丁巳　替送豆兒, 哭行玉.

• 十四日戊午　日氣稍解.

• 十五日己未　往叅宗宅朔奠.

• 十六日庚申　豆兒自甲山歸, 曰壽亦隨來, 盖行玉之喪似疑疾, 故避來云. 朴開彦見訪.

• 十七日辛酉　晡, 携福兒, 來留花庵. 二任童·眞兒先來, 惠仲移屋于東村.

• 十八日壬戌　稍寒, 堗溫窓明, 正好調養. 夜, 風而寒.

• 十九日癸亥　近午, 風少止. 代人撰誄文. 晡, 携福兒歸.

• 二十日甲子　稍寒, 發向鳴郈, 金丈輝祖氏終祥, 在今卄四日故也. 與朴子雲, 期會于鵲洞, 唁李喪人　, 點心于金光遠所, 馳到金而執所. 夕飯後, 往唁金喪人安之, 仍宿廬. 次子雲繼至, 宿其姑從所云.

•二十一日乙丑　朝, 朴子雲來見, 食後發歸. 滴水菴契會設行, 有酒肴, 金遷之·朴尙權·朴昌得皆來, 眞兒自花庵歸.

•二十二日丙寅　夕飯後, 率冠童往花庵. 明日, 將迎春, 特也亦隨來, 新庚校洞族兒先到, 略備酒肴, 以侑之.

•二十三日丁卯　溫而淸. 試講冠童, 出韻試之. 特也先歸, 豆·大二兒·天休·曰壽皆歸, 校洞族去石川.

•二十四日戊辰　溫, 看唐詩.

•二十五日己巳　風, 崔濟元來見而去. 看唐詩. 夜雨, 窓外竹聲蕭蕭, 亦一風致也.

•二十六日庚午　雨勢不止. 看唐詩.

•二十七日辛未　曾祖妣忌辰, 雨不能參, 不勝感愴. 豆兒騎驟來, 余騎歸姑留.

•二十八日壬申　鵲洞契員來, 設牛酒於惠仲家, 終日團欒而罷. 是日, 乍雨乍止. 夜, 考講冠童, 夜深乃止. 食後, 使曰壽騎驟, 上花庵, 諸兒及二任童俱來. 夜, 考講.[當在雨乍止之下]

•二十九日癸酉　垈如喪布契會, 數員來, 殺牲少酌而罷. 金戚應安見訪.

•三十日甲戌　夕飯後, 携冠童來花庵, 鄭戚龍甲率其子隨來, 與之餞歲於樓房. 夜, 雨注且風. 昏, 率兒輩拜先塋, 福漢·特快亦隨來, 宗福亦來, 天休子亦隨父來.

竹塢日記

1812
순조 12, 壬申

【正月 小】

• 初一日乙亥 　雨. 僧徒進湯餠. 送豆兒·眞兒先去, 諸兒次第歸去, 余與鄭君, 留宿樓房. 時看唐詩. 夜, 雨注. 特快隨其父去, 福兒午後去, 家人送紅露, 看字斟酒, 稍有風味.

• 初二日丙子 　朝拜先塋. 乍晴. 聖紀來見而去. 鄭君午歸, 㑒煖聰明, 政好調養. 溪漲泥融, 姑不可歸, 童穉森森在目.

• 初三日丁丑 　天淸日暖, 頗有春意. 看唐詩.

• 初四日戊寅 　曉, 夢見權持平應範氏. 又有二朝士在座, 一則似是金履載, 一則不知爲誰, 而皆是熟面, 而與同蓮桂榜者也. 金頗有款曲之意, 且惜沈淪, 余以短袍出見, 而不以爲拘, 可怪. 金應安見訪, 惠從玄也. 李童先得來見.

•初五日己卯　近日，夜曉多風．食後歸，族人潤伯及朴殷春·崔濟亨來宿．

•初六日庚辰　遣豆兒于龍堂，候拜諸長老．夜，考講冠童，祿也兄弟來宿．張生·金厚時來訪．

•初七日辛巳　送伻于聲池，將邀新郎．

•初八日壬午　甲山伻來，爲邀地師嚴碩憲．

•初九日癸未　雨．看漢書，平安道賊起，殺嘉山倅，連陷數郡云，可駭．

•初十日甲申　寒．看漢書．

•十一日乙酉　孫郎來，甲山伻偕到，權君英玉又不淑云，慘矣慘矣，此何變也．是日，食不甘，寢不眠．

•十二日丙戌　鄭君龍甲來宿．

•十三日丁亥　鄭君歸，族弟福日來．夕雪且雨．

•十四日戊子　福日歸，遣豆兒于龍塘，以大漢婚事故也．

•十五日己丑　二任童來．

•十六日庚寅　心應族來宿．

•十七日辛卯　孫郎歸．(心應族來宿)

•十八日壬辰　朴開彦及其再從弟聖孝來訪．

•十九日癸巳　朴子雲見訪，元甫族來去，所謂鳳吾者，及其妻姪丁君來訪，城村從兄及堯甫氏來宿．

•二十日甲午　泥匠朴汗來，遣豆兒于花庵．

•二十一日乙未　末奴自聲池歸，豆兒自花庵歸．

•二十二日丙申　往看花庵，泥匠自昨始堗役．郭君希顔卄日辰時不淑，慘矣慘矣，痛哉痛哉．聖紀留看花庵，(厚時貰)

•二十三日丁酉　(椒井役丁七名，運堗石) 是日，食後，往看花庵，使厚時貰人，鑿堗石．

- 二十四日戊戌　往看花庵築竈, 椒井役丁七名, 運堗石.
- 二十五日己亥　往看花庵築堗, 僧俗及葉下諸人, 運堗石.
- 二十六日庚子　往看花庵, 厚時去, 爲鑿堗石, 聖紀亦歸, 嚴君平來宿.
- 二十七日辛丑　食後雨. 使厚時募人, 鑿於前山, 送豆兒于花庵.
- 二十八日壬寅　仍雨.
- 二十九日癸卯　又使厚時貰人, 鑿堗石於亭子礪石峴. 聖紀往看花庵, 豆兒歸, 石川役丁運前山堗石. 夜又雨.

【二月 小】

- 初一日甲辰　微雨終日.
- 初二日乙巳　晴. 往看花庵, 樓房改堗, 築場爲堗. 墻下爲小塢, 將種花藥. 石川役丁及谷內僧俗, 又運堗石于亭子山麓.
- 初三日丙午　往看花庵, 鋪堗畢. 僧徒入役, 又借人築場. 歸路遇雨, 達夜不止. 崔濟亨·辛應奎來宿, 鄭龍甲率其子又來. 豆兒留花庵, 大漢來見花庵而歸.
- 初四日丁未　朝晴. 遣人龜尾, 聘母諱日在初七故也. 往看花庵, 房堗塗墍而乾. 四間堗, 一時溫煖, 可見匠手之妙也. 西賊多獲云, 可喜.
- 初五日戊申　豆兒自花庵歸, 泥匠畢役而來留, 將改冊室堗, 今午始役. 昏雨.
- 初六日己酉　雨勢乍止, 溪水沒橋. (率冶匠) 祖妣諱辰, 行祀於正寢, 略備酒食, 來饋僧徒, 仍留. 冶匠來.
- 初七日庚戌　看造家粧鐵. 驟子來, 晡歸.
- 初八日辛亥　放送泥匠, 往看花庵.

•初九日壬子　(萬得自龜) 往看花庵, 修繕窓戶. 豆兒與惠仲·天休·得也偕來, 看護修葺之役, 豆兒與大漢留, 聖紀亦來見而去. 晩, 得自龜溪歸, 厚時來留花庵.

•初十日癸丑　(萬得自龜見歸) 豆·大二兒自花庵歸, 花庵入宅, 冶匠去, 厚時亦歸.

•十一日甲寅　(往花庵) 先妣忌辰, 痛泣, 將事于草堂, 備酒食, 來饋僧徒. 二任童及眞兒來, 留菴中, 晡歸. 金應安來訪於花庵, 來進伻來, 得查家書.

•十二日乙卯　遣惠仲於西浦, 以買土事也. 來進伻歸.

•十三日丙辰　食後, 來留花庵, 庵宇房廣堗暖, 僧徒懽顔.

•十四日丁巳　鄭允之昨宿石川, 食後來訪, 豆兒隨來, 傾倒不可言. 夜, 與同宿於樓房, 豆兒來見而去.

•十五日戊午　與允之偕歸, 溪社行享祀於昨日, 尙有留者, 往見.

•十六日己未　允之懇要偕觀東萊, 不得已發行. 歷訪龍塘, 方建屋於蓮塘, 暫憩西倉. 午, 秣黃橋, 投機張求七鄭璉所[卽從姪女壻], 留宿, 鄭乃淵來話, 聯枕.

•十七日庚申　朝, 訪鄭乃淵, 仍朝飯[安姑從女, 爲其子婦]. 食後, 見之子婦, 從姪女則病不能見, 抵萊府趙宗恒所, 供午飯. 歷路見溫井, 投宿梵魚寺, 方營食堂重修, 僧徒擾擾, 宿金堂.

•十八日辛酉　晩朝, 抵梁山郡邸, 留置. 允之入見主倅, 李泰淳來卿傳喝, 允之亦入來, 供酒食, 投宿通度寺, 宿皇華閣.

•十九日壬戌　食後, 觀佛宇, 發歸. 憩鵲洞(李)金光遠所. 午歸家, 送大漢于花庵, 任童碩歸去云.

•二十日癸亥　往見花庵, 允之留, 眞兒歸.

• 二十一日甲子　鄭允之留.

• 二十二日乙丑　携允之, 出觀溪社, 見喪家.

• 二十三日丙寅　雲陰, 雨點微下. 允之發去, 挽之不得, 可悵. 午後, 携福兒及快仁, 來留花庵. 宿樓房, 窓明堗暖, 且喜幽靜.

• 二十四日丁卯　乍雨乍止. 終日雲陰且寒. 看朱書.

• 二十五日戊辰　大漢歸, 以其妣忌在卄七故也. 健偕去, 借冊而來. 眞漢來, 看唐詩.

• 二十六日己巳　花事正闌, 無與賞春, 若使磻溪翁在世, 則可以煮花吟詩, 而萬事已矣, 不勝愴感. 看唐詩, 快仁歸.

• 二十七日庚午　看唐詩.

• 二十八日辛未　內子·弟嫂·聲池姪女及花田族孀, 來省先壟, 略備酒肴, 餉村嫗. 豆·大二兒及曰壽陪來, 特快亦隨來偕歸, 福漢亦隨去. 夜雨.

• 二十九日壬申　終日霏霏. 看僧徒造鞠.

樹竹周南里, 吾家世世居. 唯上爲祖行, 於此守先廬.
勤苦三農業, 康寧五福餘. 亐山花發處, 那堪送靈轝.

【三月 大】

• 初一日癸酉　晴. 鄭戚龍甲率其子, 快仁來宿, 漆匠亦來宿. 眞漢還家, 持冊來, 聞周南庶再從祖時增, 以今六日葬. 詠挽詞五言一首. 漆匠來.

- 初二日甲戌　再從弟[大峴賓]來見而去, 斫漆木, 取液, 漆諸木器, 夕歸.
- 初三日乙亥　(看杜詩) 朝, 來花庵, 漆匠去, 福漢來, 看杜詩.
- 初四日丙子　看杜詩. 花事闌珊, 而無與同賞, 不勝離索之歎. 眞漢歸.
- 初五日丁丑　看杜詩. 健去石川, 持冊來, 看僧徒治圃.
- 初六日戊寅　眞漢來, 聞村憂大熾, 歸家. 大漢·曰壽來, 還送.
- 初七日己卯　乍雨. 孫郞來, 村閭不淨, 塞門外西邊.
- 初八日庚辰　孫郞與豆兒·大漢夕飯後, 去花庵. 是日, 微雨乍止. 孫郞奴馬歸, 曰壽騎去.
- 初九日辛巳　來看花庵, 厚時塗沙. 孫郞留.
- 初十日壬午　來看花庵, 塗沙正間. 天休及渭得·好得隨來, 煮花. 得也自新庚歷入, 俱歸去.
- 十一日癸未　寅時, 子婦解身生女. 送孫郞, 眞漢來. 夕微雨.
- 十二日甲申　雨終日.
- 十三日乙酉　乍雨乍止. 眞漢上花庵.
- 十四日丙戌　乍晴, 昨雨達夜, 前川漲黃.
- 十五日丁亥　仁僮[舜梅一所生]自聲池歸, 得聞甲山消息, 近將撤寓云.
- 十六日戊子　二任童來宿, 看事文類聚.
- 十七日己丑　眞漢歸家, 將擣習字紙故也. 豆兒率福兒去花庵, 二任童上花庵.
- 十八日庚寅　食後來花庵. (午後, 送豆兒歸) 看杜詩.
- 十九日辛卯　早食來花庵, 甲山倅來. 得安汝父子及根姪書. 撤寓,(纔數日去, 盖欲埋窆, 而迎地師故, 遣人) 纔數日, 將營窆窆, 遣人求地師故也. 宿竹塢, 眞漢來. 午後, 送豆兒歸家. 以卄四日, 于歸于義興, 方治行裝.
- 二十日壬辰　甲山倅邀地師歸, 哺歸. 歷見學兼其女洪室. (洪室行卄四, 于

歸于義興窮家，治行凡節，未免窘束，可悶)

• 二十一日癸巳　雨．大注溪漲．

• 二十二日甲午　乍晴乍雨．看漢書．

• 二十三日乙未　學兼家新行，今日發去，往見之．豆兒上花庵．

• 二十四日丙申　看漢書．(朴位太家，又有痛者云，可悶) 眞兒·大漢歸家，擣習字紙．

• 二十五日丁酉　午後雨．看漢書．

• 二十六日戊戌　看漢書．眞·大二兒與福兒，上花庵．

• 二十七日己亥　任先之見訪．午後，携特快，來留花庵．木手崔有得來，造正間退廳，上亭子留，金生來考課軸．

• 二十八日庚子　任童備來塩鼓．是日，造醬，塩價太喬，一兩不過六七斗云．

• 二十九日辛丑　撻眞漢．余於此郎，最所期待，而近頗懶惰，故撻而起之．

• 三十日壬寅　雲陰李茂三·崔濟亨，來見而去．看沈醬．

【四月 小】

• 初一日癸卯　冠童始述課．豆兒·天休來，率特快而歸．

• 初二日甲辰　木手畢廳，午後(歸)去．福兒歸，豆兒來，製一首而歸．

• 初三日乙巳　雲陰．看種芹．豆兒來，述一首，與之偕歸．

• 初四日丙午　雨．出題，送花庵．

• 初五日丁未　始折草．金以成見訪．豆兒往還花庵，解顔郭生員，持姪女書信而來．希顔以西騷之故，不遑通奇，二月已入地云，可歎．

• 初六日戊申　豆兒往花庵，述一首，郭君隨去暮來．

• 初七日己酉　郭君歸.

• 初八日庚戌　雨.

• 初九日辛亥　祖考諱辰, 村閭不淨, 行飯享. 眞·大二兒來.

• 初十日壬子　豆兒及眞·大二兒去花庵, 豆兒歸.

• 十一日癸丑　順天車碩士見訪, 携來花庵, 福兒隨來, 豆兒與天休偕來, 梁州柳碩士昨來留做, 課劵考評後, 俱歸. 福兒大昨微痛, 今午後又痛, 似是痁症. 元甫率其子來, 留子卽去.

• 十二日甲寅　豆兒來, 車碩士晩來, 述一首而去. 柳碩士去鉢里妹家, 撰權行玉祭文, 不覺淚下嗚咽, 不能成篇.

• 十三日乙卯　柳碩士與李俊宅之第二子, 之子平頭而來. 善諭還送之. 權行玉祭文輓詞畢構, 福兒痁疾, 今日二次. 晡, 率三兒歸.

• 十四日丙辰　送豆兒于甲山, 眞兒上花庵.

• 十五日丁巳　率福兒來花庵, 天休亦率好得來. 午歸後, 福兒又痛, 可悶. 昏, 大雷電, 乍雨夜止.

• 十六日戊午　天休來, 製一首而去. 眞兒與福兒歸. 得權文玉書, 初一日又喪耦云, 慘矣.

• 十七日己未　崔童昌潤持課軸, 又來考而去. 眞·福二兒及天休來, 天休又如昨日, 福也又痛, 可悶. 送二僧于巘山, 採當歸草.

• 十八日庚申　乍雨. 天休來, 製一首而去. 任和之來.

• 十九日辛酉　終日微雨. 和之留, 福兒微痛. 與和之手談, 天休來留.

• 二十日壬戌　又雨. 手談破寂.

• 二十一日癸亥　任友歸, 豆兒自甲山昨歸. 今上山, 天休去, 豆兒亦歸, 眞兒歸.

• 二十二日甲子　豆·眞二兒來, 天休亦來, 製一首而去.

• 二十三日乙丑　(豆)三兒與天休來, 製一首而歸. 渭·好·祿三·得來, 與福兒歸，余騎騾子而歸．二僧採當歸而來，種之竹塢前．

• 二十四日丙寅　高祖考諱辰，季家行祀．三兒與天休去花庵，午後俱歸．

• 二十五日丁卯　伯嫂忌辰．食後，率福兒及渭·好二兒，上花庵．三兒及天休來，製一首而皆歸．余及大漢留，福兒自今日不痛，可幸．

• 二十六日戊辰　午後，率福兒歸，大·眞二兒亦歸．李龍權率其弟來見．垈如金生及張碩士來．

• 二十七日己巳　伯兄忌辰，行祀於草堂．早朝來花庵，備酒餠，餉僧俗，以慰勤勞．三兒及天休來，好·渭及福兒亦來．午後，率豆·大·眞·福四兒而歸．李童億孫來．

• 二十八日庚午　食後來花庵，豆·大·眞三兒·天休來．(製一首) 午後歸，朴開彦來，豆兒·天休歸．昏，微雨，張碩士去．

• 二十九日辛未　食後來花庵，豆·福二兒及天休來，豆兒·天休歸，天欲雨，雷聲乍起，微威卽止．夜，宿竹塢，送春宅于甲山．

【五月 大】

• 初一日壬申　豆兒·天休·得也及祿好宗福來，豆兒留，余率福兒歸．崔濟亨及朴生，來考課軸．

• 初二日癸酉　始移秧．春宅歸，金戚應安來宿．右頰下，壯齒落一．

• 初三日甲戌　食後，率福兒及諸兒，上花庵，仍留．諸兒去，豆兒痛似痁疾，歸．送大·眞二兒歸，健也亦去，宿石川，垈村金生歸．有一人稱爲良洞李氏族，持李漢宝從兄弟書，來宿．

• 初四日乙亥　西賊去月十八日討平，魁洪景來中丸，斃．豆兒從兄弟及天休·

得也·三得兒皆來, 豆兒留.

• 初五日丙子　巡使出送旬題一首. 豆兒又痛, 可悶. 午後, 率福兒歸, 天休·得也·三得來去, 興連·億孫去, 翌來.

• 初六日丁丑　昏, 欲雨不雨, 只微洒(已)而止. 書徒或製巡題. 是日, 早食後, 率福兒來, 天休·得也·三得如昨日, 族人忠汝來訪.

• 初七日戊寅　巡營節扇來, 得見朝報, 自鄕廳轉借.

• 初八日己卯　豆兒與天休·得也來. 亐壇設文會, 試士於明日, 盖一面合力辦備, 以爲邦慶同樂之擧. 冠童各歸其家, 或來. 惟柳碩士興連留, 石川潤伯來. 夕飯後, 俱往龍塘, 宿闕舍, 朴子雲同寢.

• 初九日庚辰　早朝, 拜朴丈兄弟, 馳往亐壇. 食後, 揭題, 聖壽宜過一萬春. 詩賦同之, 古風題, 白首放歌須縱酒. 有管絃酒肉, 午後罷歸.

• 初十日辛巳　食後來花庵, 從嫂朴氏終祥, 在明日. 午後往馬山, 諸族齊會.

• 十一日壬午　行祀後, 食前發歸, 來留花庵. 冠童自昨復會, 潤伯亦來留, 來往者, 亦如前日.

• 十二日癸未　金以綱來訪. 責眞漢, 歸家. 夕, 余亦歸, 豆兒朝來暮歸, 聞南臺丈以初九日卯時不淑云, 痛矣.

• 十三日甲申　早食後, 發向月城, 抵尹龍見所. 痔症大發, 風病漸劇, 不得已留宿.

• 十四日乙酉　良洞李伯心襄期在明, 病不能往唁, 走伻替問, 寄挽詞五律三十韻.

• 十五日丙戌　兒輩入府, 以白日場在明日故也. 花庵書徒, 亦皆散去.

• 十六日丁亥　冊室亦幽靜, 可以看字.

• 十七日戊子　大·眞二兒及曰壽·興年, 自本府來. 大漢得雋, 豆兒往觀兵營白場云.

• 十八日己丑　豆兒自兵營來, 輿年去花庵, 二任童亦自兵營來, 與兒輩製一首, 大兒及二任童俱去花庵.

• 十九日庚寅　豆·眞二兒及曰壽, 製一首于草堂. 近以痔疾, 或差或劇, 福兒又日齋痛, 悶. 是日雨.

• 二十日辛卯　豆·眞二兒及曰壽去花庵, 是日少霽. 朴·張二君及金生來訪, 往花庵.

• 二十一日壬辰　率洞民, 設酒肴於西麓, 擊鼓吹簞, 村民或舞或謳, 亦太平一盛事也. 花庵書徒皆來同游, 晡俱去. 惟眞兒·曰壽留, 府吏來請椽廳上梁文.

• 二十二日癸巳　製椽廳上梁文. 是日, 來留花庵.

• 二十三日甲午　(使)椽廳上梁文訖功, 使朴開彦繕寫.

• 二十四日乙未　豆兒·曰壽·得也來, 三得兒持天休家餕物來饋, 接中而去. 曰壽留, 府吏來, 持去上梁文.

• 二十五日丙申　豆兒·曰壽來, 得亦來, 村民·菴僧(飲)會林下, 以爲稱慶云. 豆也及大漢歸, 婦阿以脇腫, 今始下針云.

• 二十六日丁酉　豆·大二兒來, 得也近日來. 往坮如, 金生及億孫俱去, 梁山柳生粮盡告歸. 痔疾痒甚不能耐, 可悶. 是日微雨.

• 二十七日戊戌　億孫來, 豆也來留, 大·眞二兒及曰壽去石川, 崔濟亨來見而去.

• 二十八日己亥　乍雨乍晴. 大·眞二兒·曰壽來.

• 二十九日庚子　清而乍熱

• 三十日辛丑　看綱目. 近以痔症風漸, 日事苦叫, 可悶.

【六月 小】

- 初一日壬寅　朴道佑[啓寅]來.
- 初二日癸卯　福漢來去.
- 初三日甲辰　豆兒歸.
- 初四日乙巳　開産與張而善歸其家, 良川李慶灝 (過訪, 聖紀·惠仲·舜兪來見, 村民三名來見, 豆兒歸, 曰壽與得也去石川) 過訪. 聖紀·惠仲·舜兪來見, 村民二人來見, 豆兒·大漢·曰壽·得也歸.
- 初五日丙午　諸冠童來, 豆兒·天休·曰壽去石川.
- 初六日丁未　開彦·而善來. 面瘡痔疾漸劇, 可悶. 學兼來見.
- 初七日戊申　兵使送一吏傳喝, 元子冊封在來月初六日, 請製別箋文. 余以疾辭之. 細麫自家來.
- 初八日己酉　病小減. 午後, 呼天休, 呼箋文草, 封付本洞, 洞任明曉走傳.
- 初九日庚戌　接中設酒肴. 聖紀·惠仲來, 兵營裨將李德永馳到, 盖爲箋文故也. 已製送, 故留話竟日. 箋文持去便回, 得安履行書, 方留營衙, 出送 兵相巡題三首. 晌, 裨將歸去, 付詩筒粧鐵, 兵營朝報借來.
- 初十日辛亥　一接, 製兵營巡題.
- 十一日壬子　金厚甫去.
- 十二日癸丑　看字消日.
- 十三日甲寅　億孫(與其)來, 其二兒備酒肴, 來饋一接.
- 十四日乙卯　兵營巡題及朝紙, 同封送之, 得也去.
- 十五日丙辰　得也來, 豆兒·曰壽·大漢歸, 南山任戚君春卿來, 天休偕來.
- 十六日丁巳　豆兒·大漢·曰壽歸, 眞兒歸.

• 十七日戊午　朴啓寅去，眞兒來.

• 十八日己未　分曺，較勝負.

• 十九日庚申　出童蒙契物，烹狗沽酒，供飯. 惠仲來看，三得俱來，試課，賞白紙，午後罷歸.

• 二十日辛酉　金持默過訪.（天休去）

• 二十一日壬戌　近日稍熱.

• 二十二日癸亥　病日甚，可悶.

• 二十三日甲子　朴啓寅及其外弟金生來，億孫去.

• 二十四日乙丑　豆兒·天休·得也及福兒歸.

• 二十五日丙寅　金尙鎔來訪，豆兒·天休·得也來.（及福兒歸翌來）

• 二十六日丁卯　福兒·特快來.

• 二十七日戊辰　有過客來留，李匡國過訪.

• 二十八日己巳　開産以怪疾，忽地昏倒，氣絶蒼黃，食頃堇得回甦. 走人龍塘. 子雲來，元甫亦來仍留. 眞兒出脚腫，可悶.

• 二十九日庚午　接中略設酒肴，鵲洞契員又携酒來游. 好得·祿得·宗福亦來，特快歸，聖紀·惠仲·子成及金光遠·李·金三員，及暮而歸. 子雲·元甫亦歸，豆兒·天休·得也·曰壽去石川，快也亦隨去.

【七月 大】

• 初一日辛未　雨點，微下卽止.

• 初二日壬申　微雨乍止. 豆兒·天休歸. 夜，大雷雨. 豆兒·天休歸，輿年去，億孫去.

• 初三日癸酉　朝雨，乍注乍止．天休來，豆兒帶雨來，億孫來．

• 初四日甲戌　兵營巡題榜出來，一接得叅者六人．朴開彦嵬中，興年來，晌歸．諸兒及曰壽皆歸．

• 初五日乙亥　元子冊封陳賀在明日，故入府行，至無去來，路逢座首朴漢五，憩沙灘店，小話．抵府邸，過午入鄕廳．留宿李營將運春甫，借達卿族，傳語欲見，盖年前少有事端之致也．余亦感悟，以好意答傳喝．

• 初六日丙子　兵相以陳賀當在初七日云，故退行仍留府中．朝，往見李營將，一言之笑，約以今夕會話．本倅饋錢米於鄕廳，與吏校設樂同樂，上太和樓，觀樂．夕，與李營將·尹上舍而得同宿．兒輩入兵營，以白日場在明日故也．

• 初七日丁丑　蚤朝，叅賀班，本倅請見，入謁，昨者傳喝，請祈雨祭文，走草．出見李營將於鷗亭．李景仲勳甫及諸年少皆來，見尹龍見又來，同話．別尹而得於鷗亭．朝，兒輩自兵營白場來，豆兒·得也皆出去．

• 初八日戊寅　朝，李勳甫來邀，朝飯其家，仍留，尹宗範來見，出巡題十五首，慶州營將沈公著來，營裨李德永來見．夕飯後，往宿李營將所．午，乍雨卽止．

• 初九日己卯　食後發歸．數日來，永驚熊溫兩處皆雨云．兒輩及曰壽皆來．

• 初十日庚辰　出野，見農形，新稻已發，田穀敝野．兒輩課軸，考送石川，洑有一汗作變，親往見之，使之堅築開堗處．

• 十一日辛巳　累日吟病僧舍，不見家，久矣．留連數日，稍有趣味，但未免有煩惱之端耳．

• 十二日壬午　今日乃生朝，家人備酒饌．食後上花庵，朴天路三從兄弟二·

金弁一則，再昨來宿者也．方聚首綴文．酒肴及麪自家來，遍餽一接波及僧徒．是日微雨，木川柳生來．

• 十三日癸未　微雨終日．柳生述試文．

• 十四日甲申　乍晴．秋意忽生．

• 十五日乙酉　齒一落於初夏，又落一，可歎．

• 十六日丙戌　止淵翁襄期，以今廿二日定行云．柳生歸．

• 十七日丁亥　任春卿往龍塘，暮歸．張而善來，止淵輓詞始搆．得也·曰壽去．

• 十八日戊子　朴天路從兄弟·任春卿及金總角歸，止淵輓詞畢搆，始搆祭文．夕，曰壽下去，明日歸其家，豆兒歸．

• 十九日己丑　(撰)止淵翁祭文畢搆．豆兒來，晡歸．

• 二十日庚寅　發向月城，遇雨於栗峴．少憩府邸，座首出見．抵華山尹龍見所，借而得，繕寫祭文輓詞．仍雨．

• 二十一日辛卯　與尹而得偕發，歷唁松亭朴子彦，年前喪耦故也．乍雨發行，行五里所，而得馬蹇而歸．冒雨至蘇亭店，午飯．李汝亮丁內艱，歷唁，抵明谷，入哭，池坮依舊，典刑無憑，不勝愴感，士友發論會葬，設筵池上，余亦叅坐．與良洞李望道·李仲謙，偕宿溪亭．昏雨．

• 二十二日壬辰　葬地在西麓，不過數里許，隨喪．午，下棺，臨穴而歸．宿道溪任友所，是日乍雨．

• 二十三日癸巳　乍雨．食後發歸．

• 二十四日甲午　城邸從兄·池塘從兄來，兒輩皆歸．

• 二十五日乙未　先考忌辰，實泣．(晚食後) 池塘從兄歸，城邸從兄留．晚食後，來花庵．吳生造油衫者方住高山，來見而去．二兒去花庵，豆兒歸．晡歸，徐用汝來，委洞再從兄來去．

• 二十六日丙申　城邨從兄歸，徐用汝去. 近午，又來花庵，崔生牽雄駒而來，晡歸.

• 二十七日丁酉　發向鷗江，先訪李營將，次訪李勳甫，直造池塘朴文一所，唁朴遇成方喪耦，其子嘗來做於石川者也. 仍留宿，是日，乍雨乍止.

• 二十八日戊戌　冒雨，投尹龍見所，巡題課券，來呈於鷗院，使之輸來考評. 夜，主人殺鷄酒之.

• 二十九日己亥　雨中，携尹宗範兄弟，投李勳甫所. 夜，考巡題軸.

• 三十日庚子　鷗院有司徐　臣入來，與龍見兄，入宿院中. 風帆沙鳥，塩烟竹雨，儘奇景也. 出巡題榜，李勳甫來見於院中，宗範兄弟歸.

〖八月　小〗

• 初一日辛丑　與尹兄·李友勳甫，三人合力貿紙. 施賞巡題榜中人，賦九人，詩七人，各給一束. 歷訪李營將，别尹龍見及僉友，歷見首席而歸. 洪書房來云[卽學兼壻也].

• 初二日壬寅　食後，往見洪君，洪君來話，使謄策題，將送尹上舍而得也. 花庵西邊門倒[不知的在何日].

• 初三日癸卯　送豆兒于尹宗範所留處，卽達川墳菴也.

• 初四日甲辰　近日日熱，野多蟲災云.

• 初五日乙巳　付書於鄕射堂. 洪君去便，付書來進查家.

• 初六日丙午　曾祖妣朴氏諱辰，送卜萬于解顔.

• 初七日丁未　在先之來訪.

• 初八日戊申　朝雨乍止. 送春宅於甲山, 二任童來見, 明日將歸云. 近午, 又雨乍止.

• 初九日己酉　送人馬於華山, 邀來豆兒, 以照訖講在明日故也. 順天車碩士來宿, 張而善來訪, 卜萬自解顔歸, 曉雨卽止. 送春宅于甲山.

• 初十日庚戌　車生去, 天休·得也·大漢赴照訖講於府邸. 食後來花庵, 眞兒先去, 大漢歸. 昏, 豆漢自華山尹宗範所歸.

• 十一日辛亥　豆兒往診朴子雲病, 順天車生又過訪. 眞兒留花庵, 甲山根若姪來, 春宅歸.

• 十二日壬子　來花庵, 尹宗範·朴景一及良川李生·億孫來. 昏, 家送黃肉, 菴適有紅露有客, 有酒有肴, 對月夜話, 喜可知也. 聞聲湖孫秀卿自萊山抵家云. 眞兒歸.

• 十三日癸丑　磻溪翁中祥在今旬四, 與二客來石川, 是日雨. 客煩不盡記. 昏, 獻奠一哭而歸. (甲山從姪日)

• 十四日甲寅　朝雨乍止. 客盡去. 惟二三客留喪家, 鷗亭李汝根來訪.

• 十五日乙卯　行節祀, 邀孫·　崔翼汝, 供朝飯. 食後, 往拜花庵先隴, 根若·栽甫亦來. 是夜, 邀校洞族兄於草堂, 收聚局內酒肴, 竟夜團欒.

• 十六日丙辰　豆兒·天休·得也發科行, 余亦往東都, 歷見首席, 聞退科, 抵舊校洞. 豆兒·根姪已到, 豆兒往宿鷗亭, 余宿華山尹龍見所.

• 十七日丁巳　與尹而得偕行, 午飯于院洞李上舍所, 宿普門南鳴應所.

• 十八日戊午　李應五供朝飯. 歷訪李上舍洪甫氏, 投甲山, 哭權行玉殯, 慘不忍見. 安汝病方劇, 生與死, 俱可惻也. 別尹而得於普門.

• 十九日己未　往見根姪家, 微雨乍止. 午後, 往良洞, 哭李伯心. 訪李兼仲兄弟, 訪李士溫, 方有劇憂, 往宿无忝堂, 李望道及他數三友來話.

• 二十日庚申　午飯于李亨遠所，夕飯于李載厚所，夜宿李士溫所.（李善長所）是日，往唁安溪李綏文內艱，診李聖應，昔疾姑未愈，供點心. 夜，與士溫語，及眞兒親事，孫孟初似有頷意.

• 二十一日辛酉　遇崔子成於士溫所，夕飯於无忝堂，宿李亨遠所. 食後，遍訪安康各家，來甲山.

• 二十二日壬戌　孫皞汝兄弟及其從姪，來訪.

• 二十三日癸亥　仍留甲山，朝夕寃呼之哭，晝夜呻吟之聲，皆不忍聞. 送孫文五於良洞，偵知婚主之意.

• 二十四日甲子　孫文五自良洞歸，果得一諾，有意於此家者，久矣. 今始牢定，欣幸欣幸.

• 二十五日乙丑　書送男，先書于李士溫，安汝病日來似劇，不忍言.

• 二十六日丙寅　別安汝，病中作惡，殊可悵缺. 歷訪栗谷孫仲雍，不遇. 抵佳巖，弔崔丈乃文氏，訪崔仲韞，宿崔翊之所. 善山李永延後初，自萊蔚來，與之同宿.

• 二十七日丁卯　宿鳴村金而執所.

• 二十八日戊辰　至鵲洞，展先隴，抵家，日欲晡矣. 聲湖孫郎來，已四五日.

• 二十九日己巳　來花庵，興年來留. 孫郎讀大學.

【九月 大】

• 初一日庚午　來看花庵.

• 初二日辛未　午後，往見龍塘朴子雲，朴景珍過訪.

• 初三日壬申　出看田野，興連來.

• 初四日癸酉　來看花庵.

• 初五日甲戌　惠仲從明日將往竹院, 修書付傳來進査家, 天休明日將往甲山, 裁書付各處, 鄭哀龍甲持賦紙, 往良洞, 付李上舍士溫書.

• 初六日乙亥　發向華山, 孫郞·天休偕行, 至栗峴, 遇雨. 孫郞沾濕隨後, 憩店舍, 天休繼至, 少霽. 歷訪李營將, 抵尹龍見所, 盖回甲在今日. 會者不知幾何, 入坐上舍草堂, 李上舍仲謙有宿約, 先來, 其餘不能盡記. 是夜同宿. 挹淸寮主人二子, 詠壽席韻, 求和. 孫郞·天休繼至卽發. 福兒, 始史二.

• 初七日丙子　朝, 和壽席韻, 仲謙書之. 食後, 携主人與仲謙, 訪朴子安, 又携去, 往鷗亭, 少長咸集, 殆十五六. 昏, 凝川申祖謙·朴聖源, 自石川追至, 同宿. 夜, 與泛舟前江, 又得管絃上下, 淸波下舟, 管絃先導. 宿李勳甫所.

• 初八日丁丑　昨, 與五六同志合錢, 得卄緡, 宰牛沽酒, 自昨夜至今日, 醉飽. 又携管絃酒肴, 上甑城, 李郞廳德永來見. 夕陽, 各散歸. 祖謙扶醉而行, 携仲謙·聖源宿鷗院, 夜劇談.

• 初九日戊寅　食後, 與三友及勳甫, 抵餘淸亭, 入見李郞廳. 自訪兵相, 欣迎改眷. 饋酒食, 仍賜妓樂酒肴, 使盡歡, 仲謙吟一絶, 賜空城月, 余與祖謙和之. 傳喝示兵相, 更饋一盞酒, 仲謙醉, 投宿尹龍見所. 勳甫先到, 卽別去.

• 初十日己卯　昨日, 李郞廳請詩於吾三人, 贈餞仲謙, 仲謙先吟一絶, 余詠七律四韻, 祖謙吟一絶. 至朴子安所, 分手, 可悵. 歷訪鄕廳, 暫見本倅而歸. 仁奴自聲湖歸.

• 十一日庚辰　乍雨, 來留花庵, 夜雨注.

• 十二日辛巳　乍晴. 以梧桐南翼, 入送于李郞廳, 兵相向有粧給之意, 故修書托之. 昏, 僧自兵營歸, 得兵相書, 贈七十簡二枝墨.

• 十三日壬午 看杜詩. 午後歸.

• 十四日癸未 (歸) 校洞族兄來訪, 禿登從兄來去.

• 十五日甲申 蚤朝, 來花庵, 造扉于西邊, 拓厠基于東. 聖紀·惠仲·豆兒·得也皆來見, 暮歸.

• 十六日乙酉 塗木籠, 送豆兒于月城, 晡來. 乍雨乍止.

• 十七日丙戌 改拓厠基于墻東, 木手朴德來來. 看杜詩. 億孫來訪.

• 十八日丁亥 看工役. 又看杜詩.

• 十九日戊子 看伐木于外光, 卽昌星洞金生先隴. 使僧徒運來, 午飯于校洞李宗勒所. 族兄堯甫氏·長源·李才彬, 携酒來見.

• 二十日己丑 徐師大·金應安來訪. 天休自甲山來見, 福兒來留.

• 二十一日庚寅 鋸刀匠二名, 自兵營來, 厠室立柱. 乍雨.

• 二十二日辛卯 午歸. 李景仲[鷗亭]及李春斗[居彦加川]地師來宿.

• 二十三日壬辰 與李景仲, 來看花庵, 景仲卽去, 福兒亦來留.

• 二十四日癸巳 曉, 地震. 夢見李而拱星州人奎鎭, 方在外坮云.

• 二十五日甲午 鋸匠午前放送, (晡歸)

• 二十六日乙未 午後, 率福兒歸.

• 二十七日丙申 日煖如春, 往話喪家.

• 二十八日丁酉 (午後, 率福兒歸) 自鷄鳴前雨, 午後乍止.

• 二十九日戊戌 (自鷄鳴前雨 至午乍止) 乍雨乍止. 暮, 豆兒自月城歸.

• 三十日己亥 食後, 來看花庵. 厠室盖草, 築西廊, 放木手. 是日, 谷內僧俗入役, 豆兒來見, 暮歸.

【十月 大】

- 初一日庚子　驟雨乍過. 豆兒往看花菴而歸.
- 初二日辛丑　食後, 率福兒來留花庵, 李厚時來, 役塈前簷.
- 初三日壬寅　午後, 率福兒歸.
- 初四日癸卯　高祖妣忌辰, 送豆兒於兵營, 謝兵相厚饋. 且謀婚具諸件. 厚時又去花庵, 余亦午來, 解顏伻來. 希顏墓將加土於今旬日, 故來告. 眞兒往留花庵.
- 初五日甲辰　豆兒今日始歸, 厚時畢役而歸. 兵相粧送梧桐南翼, 頗精妙. 族人元甫來訪.
- 初六日乙巳　鄭戚龍甲親葬在明日, 午後往唁. 拜城村從兄, 歸路訪金景鑌於上坌如, 歷訪椒井各家而歸.
- 初七日丙午　自夜, 乍雨乍止. 夜, 兵營下吏冒雨來, 請別箋文. 翌朝搆草送之, 卽惠景宮患候平復箋文也, 解顏伻歸.
- 初八日丁未　良洞受四星伻來, 豆兒往見花庵而歸. 眞兒自花庵歸, 得李望道士溫書.
- 初九日戊申　良洞伻歸.
- 初十日己酉　雨. 上花庵, 大漢亦來留花庵, 雨.
- 十一日庚戌　達曉大注. 午歸, 是日稍寒.
- 十二日辛亥　往花庵, 看造麴.
- 十三日壬子　稍寒. 朝, 末奴來言, 竹院孫室再從孀妹來覲. 孫卓龍來訪, 豆兒·惠仲偕來卽去. 晡, 余亦歸, 輿年來.
- 十四日癸丑　朝, 送豆兒於花庵, 往見竹院孀從妹.
- 十五日甲寅　發向萊山, 路逢鄭哀龍甲, 投宿梵魚寺.

• 十六日乙卯 抵萊府, 訪趙宗恒, 鄭哀亦來. 小憩, 歷訪鄭得岭子廛房, 貿鏡及粧具, 路有殺越, 萊倅出檢. 歷路, 入宿新基有甫從所. 朴別監·金遷之·朴風憲夜訪. 有甫供蓮畓墓祀.

• 十七日丙辰 往叅蓮畓墓祀, 族員來叅十九人, 晡歸.

• 十八日丁巳 往看花庵, 朴文一子·任童健來, 良洞日伻來, 塞泉族兄元則氏來宿. 有甫從夜來, 喚來眞漢.

• 十九日戊午 雨點微下. 還巳日伻, 眞漢上花庵, 豆兒往看花庵而歸.

• 二十日己未 來看花庵.

• 二十一日庚申 金應安來宿.

• 二十二日辛酉 來看花庵.

• 二十三日壬戌 遣豆兒於南岡, 淸道李君, 卽表從弟三子也. 自坐如墓下來訪, 與之偕往花庵, 拜先妣墓, 打租村人, 有酒肴, 且供夕飯, 暮歸.

• 二十四日癸亥 往還花庵.

• 二十五日甲子 淸道李戚及其族人, 昨宿季家, 來見而去. 晡, 往花庵, 崔友仁樂退兼來訪, 適有酒肴, 兼以手談, 大·眞二兒歸家.

• 二十六日乙丑 退兼留與團話, 且有酒肴.

• 二十七日丙寅 午後, 携退兼, 來宿於家, 送大漢於花庵. (曉)夜, 詠和午睡軒, 金 , 時年八十三云. 軒字韻, 盖退謙懇請故也.

• 二十八日丁卯 退兼去.

• 二十九日戊辰 稍暝.

• 三十日己巳 崔濟亨來見, 偕往花庵, 修契.

【十一月 大】

- 初一日庚午　看埋楮.
- 初二日辛未　食後歸, 申兵使遞歸, 委伻書問, 李裨將德永亦如之, 豆兒自甲山歸. 夜雨, 眞兒去花庵.
- 初三日壬申　乍雨卽止.
- 初四日癸酉　內子以怪疾氣絶者, 五次, 堇堇得甦. 急喚眞兒, 來看.
- 初五日甲戌　往看花庵而歸, 眞兒往花庵.
- 初六日乙亥　往花庵, 考講書徒. 任童輿年被撻, 晡歸.
- 初七日丙子　往看花庵而歸. 搆良佐洞禮狀草.
- 初八日丁丑　往看花庵而歸. 昨夜, 夢見李台晩秀氏, 怳惚不詳, 似在謫所月城栗洞. 時呼余字, 若平日情熟, 余或袒裼從室, 奧着褻衣, 猶嫌其見, 其所居牕戶, 塗余日記, 有曰讀篆文字. 指余曰君解作篆文云云, 可怪.
- 初九日戊寅　往看花庵而歸. 聲池孫郞來.
- 初十日己卯　城村從兄·族兄堯甫氏·族人元甫來宿, 眞兒冠禮, 在明日故也. 南岡再從孫·曰壽來.
- 十一日庚辰　設酒肴, 族黨俱多會, 鄕人亦來, 新黨孫天應爲賓, 午後皆歸. 朴子雲三從兄弟, 亦來見而去, 尹龍見·朴文一來宿.
- 十二日辛巳　雨. 二友留.
- 十三日壬午　携二友往花庵, 少憩卽別. 豆·眞二兒亦隨來, 壽兒與去委洞, 仍省龍骨山先隴. 午後歸, 二兒亦歸.
- 十四日癸未　豆兒往還花庵, 快仁來宿. 遣春宅于萊府.
- 十五日甲申　曰壽來, 豆兒唁幸胤於內光而歸. 夜雨且雪, 春宅自萊山歸.

- 十六日乙酉　晴而寒. 往看花庵而歸.
- 十七日丙戌　寒而風, 前川氷塞. 往看花庵, 豆兒亦去, 看伐房木, 億孫來見而去. 朴文一子今日歸去, 興年昨來, 午後歸. 筆工商山康生來宿.
- 十八日丁亥　仍寒.
- 十九日戊子　封婚幣, 使眞兒寫婚書.
- 二十日己丑　發醮行, 憩府邸. 座首出見, 投宿鉤魚店.
- 二十一日庚寅　黎明發行. 午, 秣碑排盤店, 宿茅坪姊氏所.
- 二十二日辛卯　食後, 訪曺氏諸老人. 抵良洞, 停飯于李亨遠所, 僉友來會者十許員, 盃酒諧謔. 晡, 行巹盃禮, 李氏諸老少以先生諱辰在明, 故不叅宴席, 孫箕應爲迎接, 根若姪同宿.
- 二十三日壬辰　僉李兄自朝來見, 入見新婦, 端雅柔順, 喜可知也. 進一盃酒, 出坐草堂, 進饌, 與僉友對喫, 李善長來見卽去, 以忌痘故也. 謝主人, 訪孫丈三處.
- 二十四日癸巳　晩食後, 發歸南岡, 諸年少出竹邊, 喫餪饌. 午, 秣童方店, 李應五過訪, 飮一盃酒, 宿朝驛店. 昏, 微雨浥塵. 宿南岡, 權安汝昔疾少愈云.
- 二十五日甲午　稍寒凊. 晨發行, 抵池塘店. 日未午, 朴文一及其子與弟來見. 飮各一盃紅酒, 少憩府邸, 抵家, 日欲曛.
- 二十六日乙未　聲池從兄來宿. 夕, 委洞再從兄亦來, 以餪肉作煖爐會, 分與內眷, 下至奴隷, 皆嘗其味. 曉頭, 走一力於萊府, 資來鍮器.
- 二十七日丙申　治送宋答諸件, 雪洒花庵谷內, 時氣卒發死者, 已數人. 菴中亦有痛者, 書徒四散, 任童興年來留於此, 任童家伻來, 翌去. 鍤浦安君[從妹子]來宿, 鄭哀龍甲來見而去.

- 二十八日丁酉　稍煗, 金應安來訪.
- 二十九日戊戌　夜, 看漢書.
- 三十日己亥　朔男自良洞歸, 得査家書.

【十二月 小】

- 初一日庚子　聲池再從兄來, 族孫大有來宿.
- 初二日辛丑　稍寒, 眞兒似有眼病, 可悶.
- 初三日壬寅　風而寒.
- 初四日癸卯　族人元甫及具族人來宿, 聲池再從兄來見.
- 初五日甲辰　安萬伯, 卽聖紀嫂兄. 病留舍弟家, 往見.
- 初六日乙巳　往見安友.
- 初七日丙午　李漢如來.
- 初八日丁未　朴位太家有痛者, 可惧. 安萬伯駄病而去.
- 初九日戊申　孫郎歸, 權行玉寃日在旬一, 付唁狀. 昏, 雨雪.
- 初十日己酉　午, 雪止. 携漢如, 出觀水砧, 安萬伯不起, 輿柰去.
- 十一日庚戌　李漢如歸, 興年來.
- 十二日辛亥　仁奴自聲池甲山歸, 得李望道書, 且有贈詩, 和老杜立春詩. 盖蓮亭相別時, 約以立春會游, 望道詩中有此意.
- 十三日壬子　稍和. 和李望道立春韻. (興年去松亭) 鄭戚龍甲來宿.
- 十四日癸丑　興年去松亭, 竹工裵貴三, 與其子十五歲帶來, 始造竹籠.
- 十五日甲寅　寒. 看杜詩.
- 十七日丙辰　稍寒.

• 十八日丁巳 威氣尙爾作苦, 悶悶.

• 十九日戊午 良洞査家伻書來到, 南岡根若家人馬來, 將邀去壽兒, 以邨中不淨故也. 是日極寒.

• 二十日己未 垈如喪布契員齊會, 頗有不如意者, 分契物, 彦陽張昌柱及其從姪新出勞, 歷訪. 壽兒朝食後, 發歸, 良洞伻歸, 輿年去.

• 二十一日庚申 食後, 馳到府邸, 入鄕廳, 考見結卜, 歷訪鷗亭李營將, 李營將携往李勳甫所, 留宿. 禮安李天淳岩叟適來, 聯枕. 岩叟卽李寢郎野淳之季弟, 頗有學行, 儘是乃允之弟也.

• 二十二日辛酉 李勳甫慈夫人生朝, 盛備酒肴. 午後, 歷路, 遇尹宗範於府邸, 暫話而歸. 傳喝本官.

• 二十三日壬戌 李岩叟來訪. 夜, 與穩話.

• 二十四日癸亥 李友歸. 是日稍解, 任童健家人馬來.

• 二十五日甲子 任童歸. 曉, 中酒昏倒, 梁山中方川族童來宿.

• 二十六日乙丑 稍寒, 鵲洞契員來設契會, 玉姪來宿.

• 二十七日丙寅 曾祖妣李氏忌辰, 將事於草堂. 極寒. 率眞兒, 發向月城, 憩無去來店. 午後, 風而寒. 宿通溪任和之所.

• 二十八日丁卯 訪院洞李仲謙, 憩朝驛店, 宿普門南時應所.

• 二十九日戊辰 食後, 送眞兒于蓮亭, 聞東南知舊齊會開善寺. 與李上舍洪甫·南士弘, 往南山. 少長偕往開善寺, 崔正言仲韞伯仲·李君成兄弟·崔敬若兄弟·崔壽汝叔姪·任氏諸老少·任持國氏·南仲瞻氏最年喬者, 或圍棋, 或打話, 達夜不寐, 是日稍解.

竹塢日記

1831
순조 31, 辛卯

【正月 小】

- 初一日乙卯　陽而風且寒. 往省花庵寓所, 夕歸.
- 初二日丙辰　寒.
- 初三日丁巳　寒. 製一首賦.
- 初四日戊午　稍暄. 夕, 上花庵, 製一首.
- 初五日己未　暄. 製三首.
- 初六日庚申　寒. 製二首, 李翼萬見訪而還. 夕歸石川.
- 初七日辛酉　(暄)朝寒. 往花庵. 午, 家君還旆石川. 是日, 課一首.
- 初八日壬戌　暄. 課三首. 南晦叔與之同做.
- 初九日癸亥　暄. 南岡權從兄來訪, 仍留做. 行文課三首. 李翼萬來做.
- 初十日甲子　陽而溫. 課二首, 鶴城趙滮來訪.

• 十一日乙丑　雨, 夕晴. 課一首. 趙澌還, 自夕, 權從兄苦叫委臥.

• 十二日丙寅　晴而溫. 權從兄一向苦叫, 極爲慮悶. 課一首, 三山金秉集來訪.

• 十三日丁卯　陽而溫. 課二首, 家嚴行次本城, 以養士齋白場在上元故也.

• 十四日戊辰　寒. 金秉集還其家. 晩, 李翼萬又還其家, 携南晦叔及姪兒輩, 入本城, 長老齊會, 三一堂章甫亦有來赴者.

• 十五日己巳　淸而寒. 早出題, 賦, 復起千門萬戶. 詩, 成章華宮請, 與諸侯落之. 走五首, 而梁倅來叅, 頗濁亂云, 可歎.

• 十六日庚午　陽而寒. 今日又設接, 而給科資云. 題, 則明月出海底賦, 詩題, 東國聞有魯仲連先生.

• 十七日辛未　陽而寒. 今日設照訖講云, 而擧措凡百, 不覺寒心. 暮陪家尊, 返家.

• 十八日壬申　陰陰或陽. 聞往花庵, 而權從兄所愼, 似涉疑症, 可悶. 夕雨.

• 十九日癸酉　陽而寒, 往花庵, 診症則已辦染疾, 極爲悚懍, 卽還家.

• 二十八日壬午　發科行, 日氣風而寒.

【二月 小】

• 初一日甲申　晩發行. 午飯于阿火店, 抵永陽邑, 仍宿. 夜雨雪.

• 初七日庚寅　雨.

• 初九日壬辰　雨.

• 十四日丁酉　大雷電雨.

• 二十日癸卯　昏雨.

• 二十七日庚戌　昏雨. 是日, 午陽而溫. 晩發行, 午飯于阿火驛, 而聞朴燦一卽同行，朴煥一叅右榜云，一笑一歎．夕，投宿于月城府．朴燦一，則宿于校村崔上舍應瑞寓所．

• 二十八日辛亥　雨．晩僦馬作行，冒注行色，窘束莫甚．午，秣于鉤魚店，投宿于松亭朴士淵氏家．

• 二十九日壬子　晴而風．朝飯後發行，歷入華山，主人丈苦挽，仍留宿．

【三月 大】

• 初一日癸丑　陽而溫．晩發行，歷入府邸，秣馬．午後，反面親候，姑無大添，而科榜以後，沒無興味，可歎．

• 初三日乙卯　朝陽夕雨．

• 初四日丙辰　晴而溫．往還花庵，李翼萬及李文孝見訪．

• 初六日戊午　雨夕晴．

• 初七日己未　晴．

• 初八日庚申　雨．

• 初十日壬戌　陽而溫．夕，三山金秉集來訪，仍宿．

• 十一日癸亥　陽而溫．金秉集還，李文孝見訪，往清淨，以亡友李汝根以明日來瘗於此故也．一哭靈几，酹以一盃酒，輓以詩句，而萬事如夢，令人難堪見，親朋齊會．

• 十二日甲子　陽而溫．辰時，見入地，仍卽發歸，日已夕矣．

• 十三日乙丑　陽而溫．

• 十四日丙寅　或陰或陽且風．往還花庵．

• 十五日丁卯　陽而溫．

- 十六日戊辰　陽而溫. 往還花庵.
- 十七日己巳　陰而寒. 往觀廣青再從叔斬祀于椒井山麓.
- 十八日庚午　或陰或陽.
- 十九日辛未　陽而風. 時寒.
- 二十日壬申　曉, 賈泣.
- 二十一日癸酉　陽而溫. 家尊行月城. 午, 往觀花庵築塘.
- 二十二日甲戌　陽而溫. 携良川李翼萬從叔姪, 作看山行. 午, 歷入龍塘, 飯而鼎話, 聯笻由石周行, 緣壁而上, 石路嶄巖, 清泉潺湲, 眞一壯觀. 至滴水庵舊墟, 酌酒嗽川, 到彌陀庵, 仍宿, 而山勢之雄, 無與齊焉. 且有佛窟, 眞奇觀, 此是重到之地, 而猶恨看不足焉.
- 二十七日己卯　朝雨細注. 至午自家奴馬來到, 故仍待晴歸來.
- 二十八日庚辰　陽而溫.
- 二十九日辛巳　陽而溫. 未時, 行廣清再從叔襄禮於椒井山麓, 仍隨往看, 歸.
- 三十日壬午　陽而溫.

【四月 小】

- 初一日癸未　陽而溫, 和風時吹. 午, 家尊還次, 聞普門李淑如, 中省試云.
- 初二日甲申　陽而溫. 夜, 牝駒生.
- 初四日丙戌　陽而溫. 夕, 安溪李姪女來覲, 其舅率來焉. 南山任戚兄元禮氏來留, 午, 往觀花庵而歸.
- 初五日丁亥　陽而溫.

- 初六日戊子　陽而風不和. 與李子克査行, 至鷗亭, 主人丈欣迎, 而黃壚之感自不禁焉. 午後卽歸, 而歷休亭, 招見任鳴國, 暫話.
- 初七日己丑　陽而溫. 自夕痛頭風, 因有寒氣, 似是宿症, 而爲先苦, 慮不可言.
- 初八日庚寅　陽而溫. 任戚兄歸.
- 初九日辛卯　陽而溫. 余病少差.
- 初十日壬辰　陽而溫. 松亭朴査士淵氏來訪.
- 十一日癸巳　陰陰, 細雨終日.
- 十二日甲午　朝晴, 午又細雨至夕.
- 十三日乙未　朴士淵氏還, 南山任戚兄元禮氏更訪.
- 十四日丙申　晴而溫. 夕, 種乃兒痘.
- 十五日丁酉　陽而溫. 鬣者斥賣於仙源鄭友君福許, 而價文不準, 故姑爲牽送, 而尙不快許.
- 十六日戊戌　陽而溫和.
- 二十日壬寅　陽而溫. 與任戚兄及舍伯往花庵, 鼎話, 已舍伯及任戚兄還石川, 余轉向望化, 回路墜馬, 所傷不淺, 憤慨無已.
- 二十一日癸卯　陽而溫. 昨日所傷處, 去益牽痛, 極悶極悶.
- 二十二日甲辰　陽而溫. 麥秋猶晩, 村間爻象, 見甚艱窘.
- 二十六日戊申　陽而溫. 有琴南友[有炳]晦叔來做.
- 二十七日己酉　陽而溫. 乃兒始發瘢, 自夜雨.
- 二十八日庚戌　雨. 潟不能解渴, 可歎.

【五月 小】

- 初一日壬子　晴而熱.
- 初二日癸丑　陽而熱. 乃兒已至, 收醫而少有浮氣焉.
- 初三日甲寅　陽而熱. 乃兒漸向坦途.
- 初四日乙卯　陽而熱. 任戚兄元禮氏歸.
- 初五日丙辰　朝陰午陽. 家君行府邸, 以孝明世子期祥在明故也.
- 初六日丁巳　陽而熱. 午, 家君還次.
- 初七日戊午　陽而熱. 旱狀此甚, 三農焦望.
- 初八日己未　陽而熱.
- 初九日庚申　陽而熱. 家君行次月城, 以李淑如喜宴在旬日故也.
- 初十日辛酉　陽而熱. 特姪與南晦叔及又姪, 作月城白場行云.
- 十一日壬戌　陽而熏. 作月城行. 午, 憩于府邸, 李翼萬亦從焉. 投宿于寒泉乃益族家, 而自戌至子, 雨快注, 三農欣然, 可掬.
- 十二日癸亥　雨卽晴. 旱餘解渴, 不分明, 可慨. 到底憫旱日甚, 一日將不知至於何境, 危懍危懍. 晩發行, 細雨間注, 秣馬于鈎魚店, 歷觀配校裵亭七家第, 而甚侈麗工巧, 定配非偶然也, 宿南山.
- 十三日甲子　細雨乍注, 卽快晴. 晩發行, 歷觀影池, 午飯于寒川店, 歷入遠源寺, 周觀樓殿之勝, 毛谷寓, 朴戚會仲偕之, 仍宿其家.
- 十四日乙丑　陽. 晩發行, 午飯于東川店, 渡西隍津, 返家, 日始西. 家尊已返駕, 特姪兄弟亦見反, 南晦叔歸省云.
- 十五日丙寅　陽.
- 十六日丁卯　陽而熱. 月城中里李友景鶴携書來赴, 自夜雨. 送伻龜尾, 以外王考諱辰在近故也. 追惟四年前事, 感愴無已.

• 十七日戊辰　晩雨霏霏. 三農欣然, 四野頗多移種者.

• 十八日己巳　晴而陽. 農民皆惜雨乾.

• 十九日庚午　雨, 自辰至巳, 不能浹洽, 自午晴而熏熏. 夜, 大雨川漲.

• 二十日辛未　晴. 四野移種, 政一可觀, 夜又大雨.

• 二十一日壬申　朝雨, 自晩食時, 始晴.

• 二十二日癸酉　晴而陽, 四野一色連靑, 庶幾登豊.

• 二十三日甲戌　陽而熏熏.

• 二十四日乙亥　自辰雨. 松亭朴汝勳來訪.

• 二十五日丙子　雨, 夜又大霔, 溪水黃流.

• 二十六日丁丑　或雨或晴, 終日陰陰.

• 二十七日戊寅　晴. 與朴汝勳往花庵, 朴汝勳直還其家, 余亦歸石川.

• 二十八日己卯　或陰或陽.

• 二十九日庚辰　陽而或陰熏熏. 携二姪及李景鶴上花庵. 夕, 松亭朴友三昆弟來做.

【六月 大】

• 初一日辛巳　陽而熱. 良川李翼萬來訪.

• 初二日壬午　陽而熱. 良川李君還, 余亦還石川, 仙源牽去鬣者, 直尙不滿, 故再次專伻, 始爲牽來, 而以四十一貫許, 賣於同里金光斗處.

• 初三日癸未　陽而熏熏. 曉, 叅季父府君祀事, 以問藥事. 往松亭潤伯甫家, 穩話. 乘夕, 直返花庵, 夜, 雨注挹塵.

• 初四日甲申　陰陰或雨. 夕, 南晦叔來, 可欣. 自夜雨大注, 聞月城之北, 往往有未種處云.

- 初五日乙酉　雨溪漲.
- 初六日丙戌　晴.
- 初七日丁亥　陽而熱. 良川李君翼萬·文孝來訪, 文孝歸.
- 初八日戊子　陽而熏. 以孀嫂病劇. 歸家, 盖以喉症不能通食飮. 自昏雨, 溪水黃流.
- 初九日己丑　晴而陰陰或陽. 嫂病少可, 故往花庵, 自夕又雨.
- 初十日庚寅　雨. 以伏日故, 搩狗共喫.
- 十一日辛卯　晴而陽. 而少無庚炎意, 夜則寒, 不能坐外, 可怪.
- 十二日壬辰　陽.
- 十三日癸巳　或陰或陽, 或雨細. 午還家, 龍塘朴敬彦來訪, 買徐克勳樵得孫漢, 朴敬彦還其家, 余亦上花庵. 夜, 大雨如注水, 二次至曉.
- 十四日甲午　昕, 大雨如麻, 終日雨陰. 自今日, 始服羌活愈風湯, 以風濕冷熱故也.
- 十五日乙未　雨, 大注間撤. 夜, 雨一次大注.
- 十六日丙申　陰陰雨, 自午至夜, 連注不絶.
- 十七日丁酉　陰陰雨, 潦霖之若是無間斷, 眞創覩也. 令人感疾, 難堪.
- 十八日戊戌　曉乍晴, 至朝晩, 雨又微作. 自午後, 終日大注.
- 十九日己亥　昕雨, 自卯末始晴, 天豁日赫, 可快.
- 二十日庚子　陽而熏. 一接共作白場行, 路由石川川漲, 僅得扶渡抵府, 日已暮矣. 以鶴城舘旣成而落之, 故隣邑守宰多來赴者云.
- 二十一日辛丑　陽而熏熱. 坐軍器廳, 晩題出而賦, 則進憂退憂, 不以位卑而多讓. 取鶴舘重建記文云, 其意可笑可憎. 詩題, 聖上千秋節, 喜鶴城舘復成. 家君行次, 姪兒輩頗得中云. 沙湖姪婦所苦,已七八日，而甚劇重，似是輪回，可怖可慮.

• 二十二日壬寅　陽而熏. 今日設養士齋白場，賦題，則至治馨香. 詩題，瓊樹玉宇，不勝寒. 姪兒又得中云.

• 二十三日癸卯　陽而熏. 晩馳返，而仲姪婦所苦，尙未就坦，極悶. 夕，家君返旆，朴友兄弟及南李兩友，直向花庵.

• 二十四日甲辰　陽而熏熱. 令人吸暑欲狂，上花庵.

• 二十五日乙巳　陽而熏. 送伻良洞.

• 二十六日丙午　陽而熏.

• 二十七日丁未　陽而熏.

• 二十八日戊申　陽而熏.

• 二十九日己酉　陽而熏. 得良洞書，而李上舍鼎儷氏，今二十三日不淑云，老成之慟無窮. 夕，還石川.

• 三十日庚戌　陽而熏. 來花庵，良川李君來訪而還.

【七月 小】

• 初一日辛亥　陽而熱. 夕，朴震琦來訪.

• 初二日壬子　陽而熱，時時風凉. 携諸君往良川，獵溪魚七八級，飽喫而歸庵，余歸石川.

• 初三日癸丑　陽而熏. 與諸君往盤龜，以巘倅設白於此故也. 守宰多會，遊客簇至，是日熱甚，十里五休，僅到大谷村墅，仍宿.

• 初四日甲寅　熏熏昧爽. 聯步入盤龜，溪山絶勝中，人烟彌縵，亦一壯觀. 晩題出而賦曰，此龜息大貴之兆. 詩曰，考槃在澗，永矢勿諠.

走四首，乘夕又還，宿於大谷洞墅.

- 初五日乙卯　熏熏. 凌晨作行，朝飯于廣川店，午返家. 普門李新庠淑如適至，劇談永夕.
- 初六日丙辰　熏熏. 自午陰，時時驟雨. 送李淑如，携諸君到花庵，頓覺此生之良苦.
- 初七日丁巳　陰陰驟雨，往往霑苗.
- 初八日戊午　陽而熏熏.
- 初九日己未　熏熏. 曾所未覩，良川李君來訪，仍宿.
- 初十日庚申　熏熏. 夕，雨注半餉. 良川李君還，余亦還家.
- 十一日辛酉　熱赫. 往花庵，夕，歸石川.
- 十二日壬戌　陽而熱. 以壽堂晬朝，略設小醼，自夕吟毒感.
- 十三日癸亥　陽而乍有凉意，往花庵.
- 十四日甲子　陽而暑.
- 十五日乙丑　陽而小凉.
- 十六日丙寅　陽.
- 十七日丁卯　陽.
- 十八日戊辰　陽.
- 十九日己巳　陽.
- 二十四日甲戌　陽. 夕還本第.
- 二十五日乙亥　或雨或陽. 曉，叅祖考祀事.
- 二十六日丙子　或陰. 上花庵.
- 二十七日丁丑　陽而自夕雨.
- 二十八日戊寅　雨注終日.
- 二十九日己卯　雨或注或止.　中里李丈應文氏來訪，　景鶴大人夕與之偕歸石川. 方昏, 自花庵人至, 急索藥物而云, 松亭朴友景希蒼黃. 觀特姪所辭, 則已辦無可奈何云, 此何變也. 此君以樵痁, 今日至三次, 而苦劇之狀, 雖所目見, 然豈料至此耶而已. 凶音輒至, 遂鞴馬上庵, 而自夜風勢大作, 雨注不止, 僅到山中, 則果横一屍, 世間豈有如許之變耶, 令人痛塞不已.

【八月 大】

- 初一日庚辰　曉, 風雨大作, 治送松亭奴馬, 而士賢兄抵申來赴, 又有來哭者.
- 初二日辛巳　陽而溫. 自松亭來哭者不少, 是日, 斂而入木.
- 初三日壬午　陽而溫. 自松亭貰騎, 運轊以去, 而景色慘愕, 何忍提及. 隨至弓峴, 相別, 暫入府邸而歸, 已昏矣.
- 初六日乙酉　陽而溫. 姪婿李君及南晦叔歸, 可悵
- 初九日戊子　雨.
- 十五日甲午　陰陰. 往還花庵.
- 十六日乙未　雨.
- 十八日丁酉　陽而溫. 丘嫂産後, 雜症連作, 是慮不已.
- 十九日戊戌　陽而溫. 安溪李子克來訪, 可欣.
- 二十日己亥　陰而或陽. 兄嫂産後, 漸有層節, 邀來潤伯甫, 永川鄭注書季仁, 以恩行來訪.
- 二十一日庚子　李子克及鄭季寅歸.
- 二十八日丁未　陽而溫. 往還花庵.
- 二十九日戊申　大雨終日, 淡水黃流.

• 三十日己酉　晴而陰陰.

【九月 小】

• 初一日庚戌　或陽或陰. 往花庵留宿, 以修突故也. 李翼萬來話, 仍宿.

• 初二日辛亥　陽. 李君歸, 余亦還石川.

• 初五日甲寅　陽而溫. 夕, 往還椒井, 到底農形, 似未免歉云.

• 初八日丁巳　陰而昏雨.

• 初九日戊午　陰陰. 行重陽節祀, 以中秋日有憂故, 未遑故也.

• 初十日己未　雨, 午後始晴.

• 十一日庚申　朝陰午陽, 家君作月城行次.

• 十五日甲子　夕, 家尊自月城還次, 而大加添損, 煎悶煎悶.

• 十八日丁卯　陽而寒. 送孀嫂歸覲, 仲從嫂又奔哭, 而明洞賓陪去.

• 十九日戊辰　寒.

• 二十日己巳　寒.

• 二十二日辛未　淸而溫. 南晦叔來訪, 往還(花庵)良川.

• 二十三日壬申　淸而溫. 與南晦叔及特姪, 向月城, 爲觀抄擇故也. 午飯于養士齋, 宿于地境店, 而南晦叔及特姪, 暫唁朴亡友景希, 以窀窆在再明故也.

• 二十四日癸酉　淸而溫, 早發行, 秣馬于朝驛店, 歷訪中里崔上舍應瑞移寓所, 入邸, 日已夕矣.

• 二十五日甲戌　淸而溫, 早入場, 而賦題, 則一日一日萬幾. 詩題, 東斷于海, 西被于流沙. 朔南曁聲敎, 一日設兩場, 又賦題, 則召公是似.

詩題，則王命卿士南仲，太祖大師皇父.

- 二十六日乙亥　清而溫，初場榜出，而僅得次上，眞可笑．主倅則鄭禮容，無文之尤者也.
- 二十七日丙子　清而溫，親知追逐，團話度日，是可樂也．夕，榜出而未免向隅，誠一笑處也.
- 二十八日丁丑　清而溫，沼任歸去．歷訪中里李丈應文氏，又訪崔上舍，宿于食積洞孫從妹家.
- 二十九日戊寅　清而溫，往看廣明孀嫂覲所，歷訪斗臺朱士賢，宿于栗洞孫舜景家.

【十月 大】

- 初一日己卯　清而溫．徧候洞裏僉丈，又越宿于食積洞，有所幹故也．聲池孫守卿甫又來會.
- 初二日庚辰　陰陰，自辰雨．發行，至伊助崔應瑞本第，仍宿．尙州陸進士相龍·龍宮鄭碩士奎德來留，已有日．且有率倡武恩，以助團圓風流，稍慰客懷.
- 初三日辛巳　雨，留滯.
- 初四日壬午　陰陰或雨，强發行，歷訪周原族人家，又唁厖洞崔制人文翼，而題鳳，馳到龜靈洞崔濟性家，仍宿.
- 初五日癸未　陰陰．發行還家，日已夕.
- 初十日戊子　或雨．盖新屋，風藿郭甥來.
- 十二日庚寅　陽而寒．往唁外椧蘇洞族叔哀，以襄禮在明故也．歷訪龍塘朴丈.

• 十三日辛卯　風而寒. 往還肝谷後谷, 以霞谷族祖襄禮故也.

• 十四日壬辰　陽而寒. 郭甥歸.

• 十七日乙未　陽而溫. 往還蓮畓, 以六代祖考墓祀故也.

• 十九日丁酉　行石川椒井墓祀.

• 二十一日己亥　陽而溫. 往還長興高祖考墓祀所.

• 二十二日庚子　行鵲洞墓祀, 而余不得往.

• 二十三日辛丑　行花庵墓祀.

• 二十七日乙巳　陽而溫. 舍伯發向龜尾, 以渭陽終祥在廿九日故也.

• 二十九日丁未　陽而溫. 往還花庵, 與海盧生來宿.

• 三十日戊申　陽而溫. 盧生歸.

【十一月 大】

• 初一日己酉　陽而溫.

• 初二日庚戌　或陰霾. 往還月川.

• 初四日壬子　陽而溫. 舍伯自永川還.

• 初五日癸丑　陽而溫.

• 初六日甲寅　陽而溫.

• 初七日乙卯　陰而或雨.

• 初八日丙辰　寒而烈. 仁洞姪婦歸覲, 往還良川.

• 初九日丁巳　寒而烈.

• 初十日戊午　陽而寒. 往周南.

• 十一日己未　陽而寒. 往還內山下, 及唁外山下族大有殯, 逢松亭朴穉問,叢話，留宿周南.

- 十二日庚申　陽而溫. 午，發還. 而歷訪龍塘朴丈，歸家，日已夕.
- 十四日壬戌　寒. 往還月川，且歷訪中里金景範.
- 十五日癸亥　陽而寒. 爲唁寒泉族兄汝實氏，發行而日氣甚寒，歷訪松亭潤伯甫，題鳳，又入鷗亭，且題鳳，暫候華山尹上舍丈，又歷見松亭朴姪婦，抵寒泉，日已暮.
- 十六日甲子　陰而寒. 晩發行，入松亭朴查家，被挽，仍宿.
- 十七日乙丑　陽而寒. 晩發行，歷訪宋啓殷藥局，歸家.
- 十九日丁卯　陽. 往還花庵.
- 二十二日庚午　陽. 往還花庵，聞椒溪族兄士希氏，以落傷餘症，甚孔劇云. 而似涉輪氣，可慮.
- 二十三日辛未　陽.
- 二十四日壬申　寒. 以考卜之故，入府，留宿.
- 二十五日癸酉　雨終日，不得已留邸，甚欝. 以明春下納，挽納於今，而民間甚騷擾.
- 二十六日甲戌　朝雨. 暫訪首席朴戚克之，歸家.
- 二十七日乙亥　陰而或陽.
- 二十八日丙子　陰而曉雨.
- 二十九日丁丑　雨.
- 三十日戊寅　陰. 昏，聞椒溪族哀兄士希氏慘報，驚愕不可言，況近日以來，有托子之誼乎. 以廣淸再從叔中祥之故，多有來唁者. 聞椒井甲姪以十三歲兒，能斷指瀝血，以救一日云，令人奇壯.

【十二月 大】

- 初一日己卯　雨，達夜且風．以楊汀族兄回甲日故，有酒肉，而問祥之賓，兼作賀慶之客．
- 初二日庚辰　雨雪，會客皆歸，而龜靈洞君伯族及廣淸景瑞族留宿，坌如鳶洞從姪又留宿，夜又雪．
- 初三日辛巳　晴而或陰或陽，往往霰集．君伯與景瑞歸．
- 初五日癸未　陽而往還花庵．
- 初六日甲申　陽而溫，往還花庵，而良川李翼萬來話而還．
- 初八日丙戌　陽．秋捧，專以代錢爲主，而米一石至三兩八錢，與市直太不相似，穀賤錢貴，生民憔悴莫甚．重以各樣應役，一時督促村間，若當難者究其實，則皆由於牧宰之貪婪也．爲世道，可痛．
- 初九日丁亥　陽而溫．往還花庵，自夕雨雪，蓮沓寓，長洞再從兄來訪而宿．
- 初十日戊子　或雨或雪．長洞從兄還．
- 十一日己丑　雨，終夜霏霏．
- 十二日庚寅　雨終日，作撤無常，夜長雨．
- 十三日辛卯　雨，三冬之雨，若是支離，眞羚覩也．
- 十四日壬辰　雨，或注或晴．
- 十五日癸巳　晴而寒．
- 十六日甲午　寒．往鷗江，以落成宴在明，而云設白場故也．來會者不夥．
- 十七日乙未　寒．本倅至院，出題一餉卽歸，其行動固如是，良可痛也．賦題，則歲時伏臘，烹羊炰羔．夕，暫候李丈勳甫氏．
- 十八日丙申　寒．歸路，暫入本城，見倅而貪婪見於色，可憎可痛，夕還家．
- 十九日丁酉　寒．往還花庵．

• 二十日戊戌　陽. 家尊以微恙欠安.

• 二十一日己亥　陽.

• 二十二日庚子　陽.

• 二十三日辛丑　陽.

• 二十四日壬寅　陽而溫. 往德峴, 觀龜木之可合木材木者而歸.

• 二十五日癸卯　陽而溫. 往還花庵, 良洞李丈元順氏來宿.

• 二十六日甲辰　雪而陰陰. 李丈還, 可悵. 往還花庵.

• 二十七日乙巳　陽.

• 二十八日丙午　陽而寒. 往還花庵.

• 三十日戊申　陰陰, 自昏雨, 家尊患候尙爾, 煎泣煎泣.

竹塢日記

1832
순조 32, 壬辰

〖正月 小〗

• 初一日己酉 雨終朝, 終日陰陰.

• 初二日庚戌 陽. 往還花庵, 龍塘朴敬彦來訪.

• 初三日辛亥 陽而溫. 龍塘朴査丈兄弟來訪, 仍宿, 略設酒肴, 榆谷溫陽族祖及德里宗兄來宿.

• 初四日壬子 陽而溫. 夕, 朴丈及溫陽族祖暨宗兄皆歸. 家君患候大添.

• 初五日癸丑 陽而溫. 患候自今日少有動靜.

• 初六日甲寅 陽而寒. 往德峴, 伐龜木而歸. 聞本倅今日歸去, 而村邑如掃, 莫不疾蹙以送, 然似有更來之漸, 是可慮也.

• 初七日乙卯 陽而寒. 往還花庵, 患候漸次向可.

• 初八日丙辰 陽. 內子以去秋墮胎餘症, 又復蒼黃者有日, 悶劇.

• 初九日丁巳　陽. 入本城, 欲見醫未果, 又歷訪潤伯甫, 題鳳而歸. 室憂一樣, 極爲愁惱.

• 初十日戊午　陽. 晩內子産死胎, 係是重症, 極涉悸慄.

• 十一日己未　陽. 內子又以食滯之添, 數食頃, 幾絶僅甦.

• 十二日庚申　陽而寒.

• 十三日辛酉　陽而寒.

• 十四日壬戌　陽而寒, 午後乍暄. 楡谷族叔國賓氏及龜靈君伯族及內廣翊之族, 皆來宿.

• 十五日癸亥　朝雪, 午晴而陰陰. 諸族仍先祠有事, 皆留宿.

• 十六日甲子　或陰或陽. 諸族皆歸. 午, 往還花庵.

• 十七日乙丑　朝細雨午晴, 暮又細雨. 往龜靈, 爲看材木, 與所料不同故, 罷意而歸.

• 十八日丙寅　或陰或陽.

• 十九日丁卯　陽而寒.

• 二十日戊辰　陽而寒.

• 二十一日己巳　陽. 往花庵, 暮歸. 則周南庶族聖國及東培等, 作黨, 來從兄家, 毆打詬辱, 無所不至, 以宗事聖國入於選武士, 而渠輩以此含怨, 至爲此境, 係是變怪, 憤惋無已.

• 二十二日庚午　陽而寒.

• 二十三日辛未　陽而寒. 往還花庵.

• 二十四日壬申　陽而寒. 以周南乖變事, 率明洞從及鳶洞姪, 往彦府, 以兼邑故也. 昏, 翊之及景瑞族追至.

• 二十五日癸酉　細雨, 自昕至午, 午乍晴. 入呈而題音不滿意, 盖彼輩昨先誣訴故也. 可憤可慨. 與諸君還石川, 夕又雨.

- 二十六日甲戌　晴. 自巡營有族譜輸納之奇, 故自今日諸族會先祠, 始考訂收正計, 而事甚浩大.
- 二十七日乙亥　陽而溫. 山下徐度淵來宿.
- 二十八日丙子　陽而溫. 徐生歸. 午, 休亭任學魯來訪而還. 乃鉉族以今日移去阿里村, 答蕭索, 極爲悵惘
- 二十九日丁丑　陽而溫.

【二月 大】

- 初一日戊寅　細雨. 以譜牒事, 逐日往留先祠, 風藿郭甥來.
- 初二日己卯　陽. 大陽李友　, 來訪而還. 往還花庵.
- 初三日庚辰　陽. 往還花庵.
- 初四日辛巳　陽. 楊汀族兄今日撤眷畢去, 隣無老成之歎, 令人難堪, 任學魯來去, 送伻于龜尾.
- 初五日壬午　陽. 譜牒今日收畢, 可快. 夜雨, 風藿郭甥告歸.
- 初六日癸未　雨, 自曉至辰. 夕, 又發向彦陽, 以呈狀故也. 宿于蟠松族君暹家.
- 初七日甲申　細雨午晴. 今日狀題, 可快. 方捉來李復運及李東培, 以爲報營計.
- 初八日乙酉　陽而風. 楊汀兄主及世卿來宿. 是日, 以寒感苦叫, 得蓮亭孫魯望書, 去龜尾伻來, 而渭陽家方犯染云, 聞極驚慮.
- 初九日丙戌　陽而風. 寒感少差, 得南岡權從兄書.
- 初十日丁亥　陽而暄. 楊汀族兄入本城, 以兼倅到此, 而周南庶族輩應變故

也，夜雨.

• 十一日戊子　雨終日，早朝冒雨. 與亭子坊，從入本城，諸族齊會，以爲更呈宗狀計.

• 十二日己丑　雨. 呈宗狀，而題甚嚴切，又發差，捉來李泗亭. 終日邸舍，不勝愁欝.

• 十三日庚寅　雨雪. 作掇無常，僉宗罷歸. 將捉來泗亭，後對卞計，舍伯又入來，往松亭.

• 十四日辛卯　終日陰陰. 舍伯自松亭入來，夕，偕反面.

• 十五日壬辰　雨.

• 十六日癸巳　晴而風寒. 往巘府，諸宗齊會，以周南訟卞故也. 而官意以兼任無意，擔當李泗亭，則卽爲放送，可憤.

• 十七日甲午　陽. 鳴村金友四員，來訪而去.

• 十八日乙未　陽. 夕又入庭，而官意如前，但李復運，則姑爲嚴囚而已. 不得已，治送議送計，諸族幾半解歸.

• 十九日丙申　陽. 治送宗員二人，爲議送地.

• 二十日丁酉　陽而溫. 良川李翼萬·李文孝來訪而去.

• 二十一日戊戌　陽而溫而未申又雨. 往德峴，斲龜木故也. 夕，被雨歸來，椧谷新基族叔來訪.

• 二十二日己亥　朝陽夕陰，而細雨，夜又雨. 長洞從兄來訪而去.

• 二十三日庚子　陽而寒. 親癠更添，煎泣無已. 安溪李郎來，新基族叔歸. 近日穀政，稍踊一兩五斗云.

• 二十四日辛丑　陰陰. 往花庵，良川李翼萬適來鼎話，而至夕罷歸.

• 二十五日壬寅　陽而風.

• 二十六日癸卯　陽而溫.

• 二十七日甲辰　陰陰雨.

• 二十八日乙巳　晴而陽. 諸族頗多來會溪祠, 往還花庵.

• 二十九日丙午　陽而或陰. 往花庵, 李翼萬適來聯話, 而夕罷歸, 溪祠宗員齊會, 以宗中多事故也.

• 三十日丁未　或陰或陽. 寒泉乃益族來宿.

【三月 小】

• 初一日戊申　或陰或陽. 以先祖功牌事, 隨僉宗, 往梁山, 而宿于黃橋店. 長洞再從兄與之同行.

• 初二日己酉　陽而溫. 抵宜春府, 景舒族與豆峴族基友留邸, 而以功牌看證人失逋故云. 午泊花濟新店族人家, 卽藏功牌者云.

• 初三日庚戌　陽而溫. 宗人來赴者, 合十七人, 招族人春國等, 責出功牌, 則渠輩之言曰, 萬無是理, 一向牢拒, 眞僞莫卞, 良可歎欝.

• 初四日辛亥　陽而溫. 今日始捕功牌看證人金震玉漢, 頭對則此漢亦不明言, 故不得已, 率來詳查計. 午飯于勿禁里, 宿于送亭子, 而僉宗皆落後, 可怪. 夜雨浥塵.

• 初五日壬子　或陰或陽, 或細雨. 晚發行, 午飯于外山下茶田庶族家, 暫訪阿里楊汀族兄新寓所, 暮反面.

• 初六日癸丑　或陰或陽. 午, 往文殊庵, 而點雨時注, 自夜雨且大風.

• 初七日甲寅　朝, 大風且雨, 至午始晴. 高峯物色, 面面奇艶, 作山祭文及佛供文. 夕, 休亭任鳴國及其子炳鎬兄弟來, 偕宿.

• 初八日乙卯　晴而陽. 鷄初鳴, 盥而用祭于山神, 致告于佛座下, 神淸心澹,如有所得. 午, 任君輩皆歸, 夕食後, 余亦到鵲洞李友家, 仍宿.

• 初九日丙辰 陽而溫. 食後歸家, 而舍伯與李查子克, 往目島, 以倭艇漂泊故也. 余亦追往觀之, 而倭人貌色言動, 眞一犬羊, 可駭可笑. 兼倅出享之, 待外國之禮也.

• 初十日丁巳 或陰或陽.

• 十一日戊午 陽而或陰. 與特姪, 往還花庵, 李翼萬來訪而去.

• 十二日己未 陽. 李查子克歸, 携特姪, 往花庵, 以製養齋旬題故也. 李翼萬亦來會.

• 十三日庚申 陽而或陰.

• 十四日辛酉 陽. 午後歸來, 而良洞孫魯望戾止, 可欣.

• 十五日壬戌 陽而溫和.

• 十六日癸亥 陽而風而溫熱. 孫魯望歸, 余往彦陽, 以周南庶族訟卞故也.

• 十七日甲子 雨終日終夜. 午, 冒雨, 涉漲而歸.

• 十八日乙丑 晴而陰陰. 溪水大漲.

• 十九日丙寅 陰陰曖霾.

• 二十日丁卯 晴. 今日復至, 愴悒無地, 孤姪女苦痛, 至五六日之久, 而似涉疑症, 故不得依禮行祀, 尤爲之痛泣無已.

• 二十一日戊辰 陽而溫. 往彦衙, 則所謂訟卞處決, 駭慘莫甚, 不得已含默歸來.

• 二十二日己巳 陽而溫.

• 二十三日庚午 陽而或陰.

• 二十四日辛未 陽. 舍伯陪父主, 入養士齋, 以有父會故也.

• 二十五日壬申 陽. 入養士齋, 則鄕老來會, 甚零星. 聞巡使朴岐壽見遞, 金陽淳新除云.

- 二十六日癸酉　陰. 自午雨至夜, 稍優霆已, 陪歸而僅免沾濕.
- 二十七日甲戌　陰陰. 村閭不淨, 季從弟以是症, 已至六七日, 危怖無已. 而此從兒, 卽定婚於龜靈崔琢氏家, 至爲涓吉於來旬二日, 不得已, 以退行之意, 通奇于彼家, 可歎.
- 二十八日乙亥　陰陰. 往還花庵, 家君自夕欠安, 前懼無已.
- 二十九日丙子　陰陰, 自酉雨, 大注達夜. 以門會員之故, 門員來會者, 近數十, 家君患候尙爾, 煎泣無已.

【四月 大】

- 初一日丁丑　雨終日, 溪水大漲, 至申末始晴.
- 初二日戊寅　晴. 門員今日始罷歸, 自夕患候大添, 讖讝之症大作, 煎懼煎懼.
- 初十日丙戌　陽而溫. 自今日患候少可, 次姪自松亭歸來.
- 十七日癸巳　陽而溫.
- 十八日甲午　陽而熱. 特姪與其四弟及乃快慶錫, 上花庵, 余亦往還.
- 十九日乙未　陽而溫. 往還花庵.
- 二十日丙申　雨終日, 溪潤.
- 二十一日丁酉　晴.
- 二十二日戊戌　陽而溫. 乃兒自夕告痛云, 心慮不已.
- 二十三日己亥　陽而或陰. 往花庵, 乃兒朝差夕痛, 不無疑慮.

【五月 小】

不肖孫奎煥，乙巳五月三十日，滯雨不出門外．舊篋中，搜得古曆，觀其日記，則乃王考所記者．而是年是月是日，則易簀之日也．自是更無所記．罔極情私，如當當日，痛泣無已．

부록

죽오일기 치부기(置簿記)

1804년

원책 p. 25 11월부터 6면.

• 원책 p. 25, 정서본 p. 12

　　廣靑 李才彬 四斗落二石十五斗分 六斗 卜除

種納 　　尹奉守 四斗落一石十六斗分 六斗二刀 卜除

　　　　金世安 九斗落六石六斗分內 一石 卜除

　　　　　　　　已上 花庵留置

• 원책 p. 26, 정서본 p. 12

棆坪 一斗三刀落

湺坪 四斗落內 一斗五刀落] 合六石十七斗

椒井上坪 三斗落 三石三斗分

　上坪 四斗落 十二石十斗餘 在五駄餘

　上巷 三斗落 十石十四斗餘 未盡打

　外坪 四斗落只

石川湺坪 五斗落] 合二十二石十七斗餘

　　　四斗落內 二斗五刀落

椒井下坪 六斗落 上坪畓 若干同打] 合二十四石一斗

石川南邊 三斗落 粘租 六石十斗 前者 若干用

甲子買得 東巷 四斗落 朴守大 全三石十五斗分 種卜價給 十五卜十二斗

　　　　　　　三石 入書庫

後坪 金益三〇 三斗落 二石十五斗 除種卜 二石十五斗 入三斗 入書庫

藥水坪 才甲 四斗五刀落 全四石五斗 種給

[하단부]

朔男 降吐 一斗三刀落 十九斗分

湺坪 二斗落 二石四斗分 種給

卜萬 三斗落只 三石分 種納

廣靑宅 四斗七刀落 五石分 石川湺坪

金益三〇 二斗落 全二石三斗 除種卜二石 穰次 入草堂廳

朔男 後坪 三斗落 全三石 種給

椒井 有朋 二斗落 一石十斗分

金惡只 二斗落 二石分 卜價 五斗五刀 除

鵲洞 李座首 五斗落 五石分內

卜價 十三斗一卜 在四石六斗五刀

• 원책 p. 27, 정서본 p. 12

後坪 四斗三刀落 時遲 全三石八斗 種納 降吐卜萬 三斗落 二石五斗

降吐 三斗落 貴才 二石二斗分 種給

後坪 震宗 二斗落 一石十斗分 卜價五斗六刀給 七卜種給 西庫入

垈如 時男 三斗落 二石五斗分 卜價五斗除 草價一斗

石川 東巷下宅 五斗落 三石十斗分 種納 癸亥 筆契分條 西庫

葛田 靑業 二斗落 二石分

垈如 新畓 二斗落 一石二斗分 一斗卜價除 西庫

石川 湺坪下宅 三斗落 全二石五斗分 西庫 癸亥 筆契分條

竹田 性右 五斗落 全四石十一斗分內 二石五斗 西庫 種納

藥水 新畓 三斗落 張厚時 全二石 種卜除 卜四斗二刀除 內五刀 誤加

外坪 朔男 六斗落 全六石分 種給

椒井 萬德 四斗三石十六斗 椒井 駕庚 三斗落 全七石十三斗

[하단부]

椒 有奉 四斗落只 四石分 種卜給八斗 草一斗五刀 竝給

鵲洞 九斗落 九石分
一石十斗 卜價 下　　十二卜內 在七石
十斗 契物 下

• 원책 p. 28, 정서본 p. 12

義性右 一斗落 十七斗分

高山 陳仲三○ 三斗落 二石十五斗
廣青 正澄 一斗落 十四斗　　花庵留在

蘭契畓

正水庵 八斗落 金致正

七石六斗分內 花庵留在

七斗五刀 卜除

草三斗五刀

利一兩 幷四四納

松錢 二兩 花僧有仁 三兩 最宣 甲子十一月三十日

[하단부]

鴿唐前 三斗落 二石十四斗分 種給

椒藪內 有朋 二斗落 一石十斗 除種卜價

肝谷 丁封 三斗落 二石 除種卜

路傍 貴大 五斗四刀落 全二石十七斗分 種給 卜價七斗除 草幷許給

垈如 時男 三斗落 三石分

椒 金廣德 二斗落 一石十一斗分 卜價五斗四刀除 種給

張厚時 五刀落 十斗分 卜價四刀二合除

高山 金致正 三斗落 二石五斗分 三斗九刀卜除

金命世 六斗落 三石十四斗分 九斗卜除 草一斗

金岳只 八斗落 五石十斗分 十斗一刀卜除 草二斗

金斗成 五斗落 一石九斗分 七斗卜除

朱英甫 五斗落 三石二斗 九斗六刀除 草一斗

• 원책 p. 29, 정서본 p. 12

甲山錢 五十五兩 又五戔 皮下

蘭錢 十一兩 乙丑 十一月

鴿錢 十兩

婢錢 十一兩

• 원책 p. 30, 정서본 p. 12

結卜作者

下垈如 崔靑業 八卜九分

椒井 金惡只 六卜九分 明年已上植次

劉有朋 十二卜

張厚時 五卜

石川 朴守大 十五卜 十二斗給 李元已 省九十三日 十卜三分

金益三 十二卜

金震宗 七卜

朴貴才 八卜

劉尙男 十五卜

金性右 十卜

許萬德 十卜

契錢 五兩 朔男 九月十八日 浪六朔納次 花田 廣靑 李生員宅 一兩 安溪宅 一兩

石川 正郞宅 一兩 楊井宅 一兩

安康宅 一兩

乙丑三月晦 利一兩五戔納

本利 合六兩五戔 朔男出去

1805년

원책 p. 1에서 3면, p. 28부터 5면.

• 원책 p. 1, 정서본 p. 13

全羅租 救荒租 三斗 早稻 二斗 椒井

石川 種租　乾秧 十二斗　粘租 三斗　綠豆稻 一斗　救荒租 一石　多多伊租 五斗

淶坪 四斗落只　水秧 三斗　全羅租　石川種租又沈 五斗

五斗落

一斗五刀落

井　二斗落只

南坪 三斗落

籬西 二斗落

柳下 五刀落
三刀落] 俱秧板

駕庚 三斗落 種租 五斗 廣青家

• 원책 p. 3, 정서본 p. 13

椒井 上坪 四斗落
上下巷 九斗落] 十四石十斗
十八石二斗
十二石十斗

文甲畓 三斗落
外坪　四斗落] 十七石八斗 淶坪 數駄同入

石川 井東 二斗落

六石十斗 椒畓 二斗落 許同入

淶坪 五斗落
中坪 四斗落
一斗三刀落] 合二十石十八斗

一駄 許入他玉

• 원책 p. 3의 속면, 정서본 p. 13

李正郞宅 五斗　合全二石十斗

安康宅　五斗　二斗落 半分租 二石內

廣青宅　五斗　五斗 卜價 下

椒井 新庚宅　五斗

鵲洞 李座首宅 五斗

金鳳憲 五斗

朴別監 五斗

李掌議 五斗

金日鳴 五斗

金孟宗 五斗

乙丑秋 與兄弟族親 聚鵲洞墓下 諸人作契 又納墓位畓二斗落于契中 以爲合力拮据 將以爲他日墓田 且以爲團會酒食之資 合十員穀 三石十五斗

• 원책 p. 28, 정서본 p. 39

降吐 貴才 三斗落 全二石分 種給

後坪 四斗落 時暹 全二石十八斗 種納

椒井 竹田[性右] 五斗落 全四石四斗分 種納

萬德 四斗落 三石十斗分 種納

朔男 六斗落 五石六斗分 種給

種給 九十斗下

有朋 四斗落 三石十八斗分 種納

降吐 卜萬 三斗落 二石十斗分 種納

藥水坪 再甲 四斗落 全四石分 種給

性右 三刀落 九斗分 卜五斗除 種給

石川後坪 金震宗 二斗落 十九斗分

鵲洞 金鳳憲 九斗落 六石分

一石十斗 卜下

高山 陳仲三〇 三斗落 一石十斗 草七刀

花庵在

• 원책 p. 29, 정서본 p. 40

東巷 朴守大 五斗落只 全三石分

下宅 五斗落 全四石三斗分

後坪 益三 三斗落只 一石十斗分

椒 厚時 四斗落 二石

　　　　內八斗 鍾

　十八斗分 種給

垈如 朱時業 三斗落 二石分 卜價五斗下

　　　　　　草一斗一石十八斗在

　　新畓 二斗落 一石斗分

　　　　　　　　卜一斗下

葛田 青業 二斗落 一石五斗分

　　　　　　　　卜七斗下

石川 深坪下宅 三斗落 二石五斗分

　　　　種給

　　　　　　　　　花庵留置

薪田 定澄 一斗落 十四斗分

[하단부]

種納 內 粘租 三斗 用

　　種租 五斗 同入 種給

• 원책 p.30, 정서본 p.41

　鴿畓 秋收記

藪內 有朋 二斗落 全一石八斗分 種給

路傍 孔貴大 五斗落 全三石六斗分 草價一斗入 卜十 卜條八斗除

塘前 李元己 三斗落 全一石三斗分 種納

德谷 李正封 三斗落 二石二斗分

　　　卜價六斗除

藪內 性根 二斗落 一石十一斗分

　　種給 卜價五斗下

下垈如 宋時業 三斗落 一石九斗

　　　　　　　　草一斗入

椒 厚時 五刀落 八斗分

卜價七斗四刀除 花庵在

蘭契 八斗落 六石 草三斗內

義 一斗落 性右 十八斗分

• 원책 p. 31, 정서본 p. 41

丙寅

長利租 分給記

一石 朔男

一石 有朋

一石 萬德

一石 性右

全界租 一石二斗	車日斗 租	合一石十二斗 辛鼻乫青 出去	
救荒租 十斗	李巨同		二月 初六日
	萬德 租		

鍾畓 高山

卜十一斗一刀二合

金岳只 八斗落 全五石八斗

草二斗五刀

金致正 三斗落 二石 草一斗 種納

卜三斗八刀四合下

金如世 三斗落 一石八斗 卜七斗一刀二合下

朱英甫 五斗落 二石七斗 卜九斗六刀下

金命世 六斗落 三石五斗 草一斗五刀 卜十二斗二刀四合下

• 원책 p. 32, 정서본 p. 41

水畓秋收記

朔男 降吐 一斗三刀落 一石五刀分 種給

後坪 三斗落 全二石五斗分 種給

深坪　二斗落 二石分 種給

有朋 椒井前坪 二斗落 一石七斗分 種

金惡只 後坪　二斗落 二石分 卜價六斗下 草一斗 種二斗 同入

金益三 後坪　二斗落 全一石三斗分 種給

廣青宅 深坪　四斗七刀落 全五石分 種納

卜萬　四斗落 全三石七斗分 種納

十三斗[三刀] 卜下

鵲洞 李座首　五斗落 三石十五斗分

廣青 金世安　九斗落 全四石十七斗 二斗草價入 一石下 卜價下 ┐花庵在

李才彬　八斗落 全二石十五斗 草一斗入 十二斗 卜下 ┘

桶泉 車聖孫　一斗落 全一石分

金國郎　一斗落 全一石分

西倉

私租 四石 田卑 億襄出用 侍作錢 續次

二石十斗 ┐合三石 鳴昌家

長利租 十斗 ┘

1808년

원책 p. 1에서 4면, 원책 p. 32.

• 원책 p. 1, 정서본 p. 43

在原畓 秋收記

義畓 一斗落 十四斗 種給

石川 後坪 朔男 三斗落 二石十一斗分 ○己巳 一石十三斗

種給

堂前 名昌 三斗落 四斗分　○二石九斗

種不納

金世三

石源 光青家 四斗落　三石七斗分　○三石十斗分 種給

種納

椒井 有朋 二斗落 一石四斗分 ○一石六斗

種給

金(岳只) 二斗落 一石十斗分 ○一石十斗 種納

一石十斗 種給

金■■ 二斗落 一石十斗分 ○一石九斗 草一斗入

十斗 卜三斗五刀下

藥坪 張厚時 五刀落 八斗分 ○十斗

種給

鄭射靑 四石種納

桶泉 車性民 四斗落 三石二斗分 ○四石分 種納

草一斗四刀入 卜七斗四刀下

李元己 二斗落 一石十七斗分 ○一石十九斗

種納

[하단부]

蛤淵 己巳買得 每年除種卜 平二石式

安岳只 二斗落 ○一石十三斗三刀 苐一斗七刀 明年捧次

有朋 三斗落 ○一石十斗

路傍 金宇丁 二斗落 ○一石十斗

越川 五斗落 ○二石十斗分 十斗 卜下 種給

○牟代租 十二斗

• 원책 p. 2, 정서본 p. 43

路傍 孔貴大 五斗落 三石八斗分 ○四石六斗

種給

原前坪

垈如 時男 三斗落 一石十斗分 ○一石二斗 草一斗

金應采

檢丁洞 金(兵只) 六斗落 三石十五斗
草一斗五刀入 在租三石十斗
卜十一斗一刀下 徵捧十五斗

安僉知

堂峴 宋光日 三斗落 一石十斗 草十六刀
卜三斗八刀下 在一石六斗八刀

五十洞 金命采 六斗落 一石十斗分 草六刀 又五斗

尹廣明 三斗落 一石七斗分

草六刀

英甫子

朱洞哥 五斗落 一石五斗分 草八刀下
卜九斗下 在十六斗

• 원책 p. 3, 정서본 p. 43

蘭契畓 安達文 八斗落 五石分 草二斗入 卜七斗四刀下
徵納八斗 合五石二斗六刀 己巳四石十斗 種納

• 원책 p. 5, 정서본 p. 43

特快. 仰役奴婢, 英娥夫崔春宅.

雇奴, 李先朋, 鳴昌季叔.

丁卯, 奴末三, 八月四所生.

癸丑, 婢舜梅, 八月二所生.

辛丑, 婢英娥, 丙寅春以六十五兩買.

乙丑, 婢明端, 丁卯春買得, 七十餘兩.

• 원책 p. 32, 정서본 p. 71

四月日 夜夢吟一句曰 黃封
赤壁秋游待不時

只下黃封二字 以赤壁秋游需不時 後改需
爲待字 秋游待不時

利十兩　　合卅緡 自已四月 計利 甲山錢

二十兩內 十兩房 二月初二日已　二十兩 翰契錢 出債　二十兩 防結條

十兩蓮

十兩 以瓦錢移報 至月初一日 夏間 八戔鰒條報

又七兩三戔 碑錢報

甲山田 卄斗落只 八十兩內 以　十兩 甲山穀 作錢條　五兩 開山家 移給

又一兩

三兩 又給

又一兩二戔 房債條

1809년
원책 앞표지 이면, p. 5.

• 원책 앞표지 이면, 정서본 p. 72

蘭 十一兩 科債下

又六兩 同下

一兩 東堂下

十兩八戔 庚正月八日下

又六戔 前利下

庚午五月日 租四石十斗

以四斗例 作錢

合二十三兩二戔五分

• 원책 p. 5, 정서본 p. 72

市直一兩租七斗

1812년
원책 뒷표지 이면.

• 원책 뒷표지 이면, 정서본 p. 178

達文　　五卜

達用　　二卜

金岳只　三卜五分

金元三〇 二卜

陳仲三〇 二卜

金命采　三卜

金命大　三卜

麥錢 十兩內 有仁 八兩 三月 二兩 四月初三

又一兩 房

四月十二日

찾아보기

[가(家)]
家君　184

[가(嘉)]
嘉順宮賀箋　88

[간(看)]
看役　118

[감(監)]
監試試所　113

[갑(甲)]
甲山　2, 4

[강(講)]
講堂　43

[개(丐)]
丐麥　136

[거(居)]
居接節目　76

[거(鋸)]
鋸刀匠　138
鋸匠　115, 116, 117, 131, 138, 172

[건(健)]
健陵　8, 10

[검(劍)]
劍舞　121

[결(結)]
結社　48

[겸(兼)]
兼邑　197

[경(景)]
景慕宮　9, 10

[경(慶)]
慶科設行　89
慶山店　14
慶州　17

[계(契)]
契穀　103
契物　147

[계(溪)]
溪堂　44
溪祠　115, 200
溪社　21, 26, 54, 55, 56, 86, 89, 103, 107, 108, 109, 111, 140
溪亭　2, 128
契會　70

[고(古)]
古曆　203

[고(考)]
考講　44, 98, 116, 132, 134
考講員　47
考見結卜　178
考課券　137
考官　3

[고(雇)]
雇奴　20, 124, 134, 144
雇婢　103

[고(高)]
高畝　5
高祖考忌　22
高祖考諱　107
高祖考諱辰　161
高祖妣忌辰　91, 147
高祖妣李氏諱辰　70

[곡(哭)]
哭班　16, 17, 26

[과(科)]
科榜　181
科行　115

[과(課)]
課券　52, 54
課農　4
課軸　54

[관(冠)]
冠其子　89
冠禮　175

[관(官)]
官路　119

[광(廣)]
廣棧店　5

[괴(槐)]
槐院　6

[구(丘)]
丘木事　44

[구(九)]
九珠里　5

[구(求)]
求丐　133
求婚　98

[구(鷗)]
鷗江書院　82

[구(龜)]
龜尾　2, 45, 100, 125, 192

[국(國)]
國哀　15

[군(軍)]
軍威縣店　1

[권(勸)]
勸課　2

[궤(饋)]
饋肉　123

[귀(龜)]
龜岩　117

[근(根)]
根耕　109

[근(巹)]
巹盃禮　150, 176
巹杯禮　92

[기(妓)]
妓樂　64, 171

[기(忌)]
忌痘　176

[기(機)]
機張　106

[기(祈)]
祈雨　28
祈雨祭文　57, 166

[김(金)]
金剛山硯　44
金達淳　10
金陽淳　201

[낙(樂)]
樂育齋　67

[낙(落)]
落成宴　194

[난(煖)]
煖爐會　42

[난(餪)]
餪物　37
餪饌　39, 176

[납(納)]
納幣　150

[납(臘)]
臘政都目　126

[내(內)]
內浦津　91

[내(萊)]
萊伯　63

[노(魯)]
魯仲連　180

[녹(祿)]
祿吏　10

[농(農)]
農家集成　16
農書　47

[뇌(牢)]
牢定　170

[능(陵)]
陵隷　7

[니(泥)]
泥匠　146

[다(茶)]
茶山　141

[달(達)]
達田齋舍　101

[담(禫)]
禫祀　127

[당(唐)]
唐詩品彙　17, 66

[대(大)]
大丘　14
大練　38
大雄殿　99
大學　47

[도(道)]
道洞　128
道試　125
道會　114

[도(都)]
都會榜　114

[동(東)]
東江書院　81, 101
東萊府　36
東萊山城　51

[동(桐)]
桐華院店　5

[두(杜)]
杜詩批解　141

[두(痘)]
痘氣　17, 121
痘疾　118

[뢰(誄)]
誄文　151

[마(馬)]
馬碑店　1
馬醫　95

[만(挽)]
挽詞　145

[만(萬)]
萬歸亭　101

[만(輓)]
輓詞　109

[망(網)]
網巾匠　93

[매(埋)]
埋楮　69, 94, 175

[맥(麥)]
麥田　19

[면(面)]
面任　123

[명(明)]
明示散　69
明政殿　8

[모(牟)]
牟量店　1

[목(木)]
木手　18, 49, 98, 100, 113, 117, 135,

141, 159

[묘(墓)]
墓祀 37, 92

[묘(廟)]
廟享所 10

[무(无)]
无忝堂 81, 169

[무(武)]
武官 8

[묵(墨)]
墨書 95

[문(文)]
文殊山祈雨祭文 84
文殊山亏弗壇祈雨祭文 57
文會 83, 101, 162
文會契 75

[문(問)]
問祥 194

[밀(密)]
密陽 40
密陽府 38

[박(朴)]
朴岐壽 201

[반(伴)]
伴鷗亭 16, 26

[반(泮)]
泮主人 5
泮中 6

[반(盤)]
盤龜 63, 76

[반(返)]
返魂 75, 78
返魂祭 50

[발(發)]
發引 146
發靷 19

[방(房)]
房穀 49

[방(放)]
放翁集 6

[백(白)]
白蓮社 48
白蓮書社 76
白蓮書社韻 77
白日場 63, 132, 162, 166
白場 35, 36, 66, 78, 107, 109, 133, 194

[백(伯)]
伯嫂忌 107
伯嫂忌辰 51
伯氏忌辰 82
伯兄忌辰 51, 107, 161

[범(梵)]
梵魚寺 40, 63

[별(別)]
別箋文　18

[병(兵)]
兵營　13, 166
兵營吏夜　18
兵營白場　162, 166

[보(譜)]
譜牒　198

[복(服)]
服制　15

[복(覆)]
覆試　114, 115, 116

[부(訃)]
訃音　47, 109

[부(釜)]
釜山客舍落成宴　63

[분(墳)]
墳菴　168

[불(佛)]
佛座　200

[비(比)]
比安　5

[비(碑)]
碑役所　87

[비(裨)]
裨將　164

[사(四)]
四度箋　88
四書都會榜　36
四星　147, 173

[사(舍)]
舍人岩　82

[사(事)]
事文類聚　53

[사(査)]
査家　41, 89, 130, 139
査兄　48, 95, 128

[사(社)]
社倉法　16

[사(祠)]
祠堂　72

[삭(朔)]
朔男　13

[산(山)]
山脉　18
山神　200
山役　19
山長　77, 86

[살(殺)]
殺牛　36

[삼(三)]
三郎書院　61

[삽(揷)]
揷秧　5

[상(上)]
上客　150
上梁文　116

[상(喪)]
喪布契員　178
喪布契會　152
喪家　48

[상(尙)]
尙都事　8

[상(祥)]
祥日　95

[생(生)]
生家祖妣忌辰　110

[서(徐)]
徐有望　9

[서(西)]
西賊　161
西行　5

[서(書)]
書堂　3, 76
書院　3

[석(石)]
石溪社　82
石村　1

[선(先)]
先考忌辰　127, 167
先考諱辰　87
先考諱日　142
先壟　72
先壟　2
先妣忌辰　46, 100
先妣忌日　16
先妣諱日　75
先祠享辰　34
先塋　153

[선(宣)]
宣仁門　8

[선(選)]
選武士　197

[설(設)]
設場　3

[성(成)]
成服　48
成婚　14
[세(世)]
世說　43

[세(歲)]
歲饌　96

[소(小)]
小斂　18
小祥　44, 150
小學　29, 47

[소(蘇)]
蘇亭　92

[소(騷)]
騷擾　193

[손(孫)]
孫成汝　40
孫周汝　19

[송(宋)]
宋洞　6

[송(送)]
送神　125

[수(水)]
水使　36
水山　1
水營　36
水營裨將　20
水晶纓子　11
水操　49
水砧　34, 52
水砧基　34

[수(受)]
受針　87

[수(守)]
守歲　123

[수(壽)]
壽契　54

[순(巡)]
巡營　198

[숭(崇)]
崇德殿　3

[습(襲)]
襲　18

[승(僧)]
僧徒　153, 155, 167
僧徒入役　131
僧徒造鞠　157
僧徒沈醬　131
僧俗　142, 161, 172

[시(市)]
市直　194

[시(試)]
試官　91

[신(新)]
新婦　38, 41, 176
新恩　94

[신(申)]
申祖謙　64

[쌍(雙)]
雙碧樓　82

[아(阿)]
阿耳僉使　8

[안(安)]
安康　13, 92, 101
安溪　1, 5
安良彦　14

[암(暗)]
暗葬　145

[야(冶)]
冶匠　114, 116, 139, 141

[약(約)]
約婚姻　14

[약(藥)]
藥坪　19

[양(良)]
良洞　2, 3, 45, 81, 94, 101, 105, 117, 119, 161, 170
良洞書齋　78
良佐洞禮狀　175

[양(梁)]
梁山　118

[양(襄)]
襄禮　116, 182, 191

[양(養)]
養士齋　201
[언(彦)]
彦陽　78

[여(旅)]
旅店　36

[역(曆)]
曆　122

[연(年)]
年荒　94

[연(涓)]
涓吉　116, 148, 202

[연(淵)]
淵南丈　2

[연(延)]
延豊官　1

[연(椽)]
椽廳上梁文　163

[연(燕)]
燕子島　84

[연(聯)]
聯芳集　146

[연(蓮)]
蓮契會　91
蓮畓　93
蓮社回字　76

[염(染)]
染疾　130
染痛　54

[엽(鬣)]
鬣者　183

[영(永)]
永川郡店　1
永川守　3
永川店　1

[영(嶺)]
嶺南樓　41

[영(營)]
營關　116

營裨 166
營巡題 145
營將 166
營邸 15

[영(英)]
英簡所 14

[영(迎)]
迎婿 35
迎歲 72

[영(靈)]
靈山 113

[오(五)]
五代祖妣忌祭 39
五懷堂 126

[옥(玉)]
玉山 2
玉山書院 35, 76, 78, 84, 126, 132
玉院 2

[옥(獄)]
獄事 1

[왜(倭)]
倭人 201
倭艇漂泊 201

[요(繞)]
繞客 32, 37

[용(龍)]
龍宮 113
龍塘 23, 40, 44, 48, 128, 167
龍塘書齋 20, 22, 23, 49
龍山 4
龍山書院 76, 78, 128
龍山書院白場 3
龍孫 35

[용(舂)]
舂水砧 116

[우(牛)]
牛醫 113

[우(亐)]
亐弗壇 131
亐弗山祈雨祭文 85

[울(蔚)]
蔚山白場 3
蔚山守洪 3

[울(乻)]
乻禮日 14

[원(元)]
元子冊封陳賀 166

[원(圓)]
圓山祠 83
圓扇 52

[월(月)]
月城 2, 45, 62, 81, 92, 112, 162
月城尹 4
月城親知 4

[위(渭)]
渭陽 41

[유(幽)]
幽谷　1

[육(六)]
六偉文　48, 52

[육(育)]
育英齋　132

[윤(輪)]
輪疾　67

[율(栗)]
栗峴　62

[읍(邑)]
邑弊疏　83

[의(義)]
義興　158

[이(伊)]
伊蔚領　1

[이(李)]
李都事　7
李伯心　81
李仲謙　2
李進士仲謙　1
李漢宝　81

[이(泥)]
泥匠　131

[이(移)]
移去　198
移居　39
移秧　4, 52, 107, 136, 161
移寓　50
移接　100
移早稻　107

[인(人)]
人參　122

[인(姻)]
姻客　41

[일(一)]
一蓂　40

[일(日)]
日設　78

[입(入)]
入棺　48

[자(慈)]
慈仁　15

[작(鵲)]
鵲洞　103
鵲洞墓祀　192
鵲洞墳塋　14
鵲洞先隴　88
鵲洞先塋　125

[장(匠)]
匠手　100

[장(壯)]
壯洞　10

[장(掌)]
掌樂院 6

[장(葬)]
葬禮 50
葬日 144

[장(障)]
障川寺 48, 76

[재(再)]
再娶 27

[재(齋)]
齋役 116

[저(楮)]
楮棧店 1

[저(邸)]
邸報 126

[전(戰)]
戰鐵 64, 65

[전(殿)]
殿牌 15

[전(箋)]
箋文 164, 175

[전(錢)]
錢牧齋集 6

[절(節)]
節扇 85, 137, 162
節酌通編 15, 39

[정(定)]
定婚 202

[정(廷)]
廷試 127

[정(貞)]
貞純 16

[정(鄭)]
鄭晩錫 83

[제(堤)]
堤堰之役 73

[제(祭)]
祭文 49, 129, 130, 146, 167
祭文輓詞 167
祭社逐癘 49
祭需 92, 143

[제(製)]
製藥 121

[조(早)]
早稻 4

[조(曺)]
曺允大 6

[조(朝)]
朝報 162, 164
朝驛店 96
朝紙 43

[조(祖)]
祖考忌辰 2

祖考諱辰　160
祖妣郭氏忌辰　46
祖妣忌辰　16, 75, 100
祖妣諱辰　155

[조(造)]
造家粧鐵　155
造棺　18

[족(族)]
族譜　198

[졸(卒)]
卒哭祭　146

[종(宗)]
宗家朔祭　147
宗廟　9
宗狀　199
宗宅　97
宗宅祀事　70

[종(從)]
從祖考　89

[종(種)]
種麥　145

[종(終)]
終祥　37, 104, 110, 130, 192

[종(腫)]
腫患　113

[좌(左)]
左傳抄評　10

[좌(座)]
座首　73, 90

[주(主)]
主倅　3, 5

[주(奏)]
奏樂　3

[주(朱)]
朱子大全救荒奏　97

[죽(竹)]
竹院　171

[중(中)]
中稻　32, 88
中祥　32, 77, 193

[중(重)]
重試　40

[증(曾)]
曾祖考諱辰　89
曾祖考諱日　34
曾祖妣忌辰　152
曾祖妣朴氏忌辰　113
曾祖妣李氏忌辰　178

[증(贈)]
贈別詩　11

[지(地)]
地師　144, 158

[진(進)]
進饌　176

[진(陳)]
陳賀 166

[진(震)]
震應所 133

[집(集)]
集淸閣 64

[차(差)]
差役 131

[착(着)]
着馬蹄 5

[착(鑿)]
鑿埃 155

[참(斬)]
斬祀 14

[창(倉)]
倉監色 37

[창(倡)]
倡歌 101

[채(採)]
採鮑 84

[책(冊)]
冊房 94
冊室 162
冊匠 37, 39

[처(妻)]
妻母小祥 100

[천(千)]
千字 89

[청(靑)]
靑魚 123
靑粧曆 95

[초(初)]
初祥 48

[초(椒)]
椒井墳塋 13
椒井先隴 88

[초(醮)]
醮禮 38, 92
醮行 32, 37, 38, 90, 150

[촌(村)]
村民祭社 44

[최(崔)]
崔景至 3
崔國子 6, 7
崔仲韜 3
崔叅判獻重 52

[축(築)]
築 46

[춘(春)]
春塘坮 9

[충(忠)]
忠烈祠 82

[취(炊)]
炊飯僧　100

[치(致)]
致奠　30, 126, 130, 146

[치(雉)]
雉山　1, 5

[침(砧)]
砧木　34

[칭(稱)]
稱慶箋文　18

[타(打)]
打稻　147
打麥　54, 83, 109

[탁(濁)]
濁酒　41

[태(太)]
太平廣記　136
太和江　4
太和樓　4, 63, 82

[태(胎)]
胎峯　1
胎峯幽谷　5

[토(土)]
土役　147

[통(統)]
統營木匠　94
統營匠　149, 151

[통(通)]
通度寺　62, 99

[팔(八)]
八大家　47

[평(平)]
平安道賊　154

[포(包)]
包院　1

[포(褒)]
褒貶　123

[필(筆)]
筆契　42
筆工　56, 112, 176
筆墨工　117

[하(下)]
下棺　19, 78, 167

[하(河)]
河回　8

[하(賀)]
賀慶　194
賀箋　88

[학(鶴)]
鶴城　106, 112
鶴齋　54

[한(旱)]
旱災　30

[한(翰)]
翰墨契會　76

[향(享)]
享祀　89

[향(鄕)]
鄕射堂　95, 168
鄕廳　14, 17, 73, 91, 95, 162, 178

[헌(獻)]
獻官　14, 32
獻籩　169

[현(玄)]
玄纁　38

[호(戶)]
戶籍所　15

[호(湖)]
湖山野錄　26

[호(護)]
護喪　119

[혼(婚)]
婚具　36
婚事　154
婚使　37
婚書　37, 176
婚書使　38
婚主　170
婚幣　176

[홍(洪)]
洪景來　161
洪義浚　35

[화(花)]
花樹契　47
花樹契案　34
花庵　18, 115, 116, 149
花菴　93
花庵墓祀　192
花庵先壟　13
花庵先塋　43, 88

[화(畫)]
畫工　95

[황(皇)]
皇壇　9

[황(荒)]
荒災　95

[황(黃)]
黃龍淵祈雨祭文　85
黃肉　41

[회(回)]
回甲　194

[효(孝)]
孝經　10
孝安　16

[후(厚)]
厚陵　6

[휴(休)]
休亭　183